Três Caminhos Para a Paz Interior

Três Caminhos Para a Paz Interior

Carlos Cardoso Aveline

EDITORA TEOSÓFICA
Brasília-DF

EDITORA TEOSÓFICA, Sociedade Civil
SGAS — Quadra 603 — Conj. E, s/nº
70.200-630 — Brasília-DF — Brasil
Tel.: (61) 322-7843
Fax: (61) 226-3703
E-mail: st@stb.org.br
Sites: www.editorateosofica.com.br
www.stb.org.br/livrar.html

Carlos Cardoso Aveline

Três Caminhos Para a Paz Interior

A948

Brasília, maio de 2002
ISBN 85-85961-78-3

1. Teosofia aplicada.
2. Sabedoria divina. Autoconhecimento.
3. Felicidade. Renúncia às ilusões.

CDD 131

Capa:
Fernando Lopes

Diagramação:
Reginaldo Alves Araújo

Revisão:
Ângela Maria Hartmann

Sumário

1. **A Paz Agora** 9
Se quisermos esperar que o mundo ao nosso redor tenha sossego, para só então permitir-nos viver em paz, nossa felicidade corre o risco de ficar adiada indefinidamente. Melhor que isso é obter uma paz incondicional. Há três caminhos que levam a ela.

Parte Um:
O Caminho do Guerreiro

2. **Uma Questão de Bom Senso** 15
Sem visão clara não há progresso. Às vezes, as coisas que estão todo dia diante de nós são as mais difíceis de compreender. O discernimento requer desapego.

3. **O Combate no Caminho da Luz** 19
A vida é dual. É feita de contrastes. O objetivo estratégico do guerreiro da luz é manter a paz interior em todas as situações. A preocupação egoísta faz perder energias.

4. **A Luta Entre Bem e Mal** 27
Como se dá a luta, dentro da alma humana, entre os dois princípios opostos da ignorância e da sabedoria. A vontade pura, o amor incondicional, o discernimento.

5. **A Consciência do Guerreiro** 39
As características da consciência integral em um mundo de conflitos. A coragem é o primeiro ponto. O medo está entre os principais obstáculos.

6. **A Ação Impecável** 45
O guerreiro sábio mantém o coração tranqüilo, a mente atenta e as emoções em ordem. O perigo da indulgência. A importância de ser impessoal. A imprevisibilidade. A capacidade criativa.

7. **Vencer Antes do Combate** 53
A história de um galo arrogante. A paciência é companheira da suprema força. Estar consciente da possibilidade de uma desarmonia permite preservar a paz enquanto é tempo.

8. **A Felicidade em Plena Ação** 57
O segredo da vida espiritual está na conduta. O melhor critério da verdade é a prática. Carma Ioga. A arte de agir corretamente em cada situação da vida.

Parte Dois: *O Caminho do Autoconhecimento*

9. **A Questão da Integridade** 67
O que é autoconhecimento. Uma história de Buda Sakiamuni. Os três tipos de iluminação. A lei do carma não dá folga a ninguém: para chegar à sabedoria eterna, é preciso merecê-la.

10. Uma Carona Impossível 73

A credulidade alimenta a hipocrisia. O caminhante espiritual deve acreditar apenas naquilo que passa por sua própria percepção. O caminho espiritual é uma senda estreita e perigosa.

11. A Psicanálise das Religiões 79

Nos últimos 2000 anos, massacres, guerras e crueldades foram feitos em nome de Deus. Para Sigmund Freud, o conceito convencional de Deus é uma neurose coletiva. A opinião de um Mahatma.

12. *Antahkarana:* A Ponte Entre Céu e Terra 91

Os sete princípios da consciência humana. A purificação mental, emocional e física amplia o contato com a nossa própria alma imortal. A escada de Jacó dentro de cada ser humano.

13. Como Funciona a Inteligência Espiritual 105

O despertar do quinto princípio. Os dois tipos básicos de inteligência. *Buddhi-Manas.* Quando nasce a verdadeira percepção, o dogma e a rotina são abandonados.

14. O Corpo Inseparável da Alma 113

As células e os órgãos do nosso corpo físico têm formas próprias de consciência. Não pode haver espiritualidade sem materialidade. O corpo pode ser visto como um templo do espírito.

Parte Três:
O Caminho da Renúncia às Ilusões

15. Aprendendo com a Desilusão 129
Como a renúncia leva à plenitude. A verdade oculta pela ilusão. Cada decepção traz mais de uma lição útil. Exercício prático: um brinde às desilusões.

16. A Aceitação do Silêncio 141
O lema dos sábios é "ousar, querer, agir e permanecer em silêncio". Os ruídos emocionais e mentais. A percepção silenciosa. Cada palavra adequada que dizemos nos beneficia.

17. Ouvindo a Alma Imortal 151
Há um centro de paz e de orientação espiritual em cada coração humano. Ele é o eu superior, nosso mestre. Uma forma prática de escutá-lo é olhar a vida do ponto de vista dele.

18. A Prática da Presença Divina 161
Estamos sempre imersos na energia divina e na lei universal. Manter-se consciente desse fato é uma antiga prática pitagórica. O Diagrama de Meditação de Helena Blavatsky.

19. A Iluminação Espiritual 183
O contato direto com a alma imortal. Na verdade, todos caminhamos para a iluminação. Palavras de São João da Cruz e de Gautama Buda. A iluminação na tradição zen e segundo o taoísmo.

1

A Paz Agora

Se quisermos esperar que o mundo ao nosso redor tenha sossego, para só então permitir-nos viver em paz, nossa felicidade corre o risco de ficar adiada indefinidamente. E, mesmo na hipótese de que o mundo obtivesse sossego, o nosso bem-estar seria sempre frágil, devido à dependência de fatores externos impossíveis de prever.

Se buscarmos estabelecer em nossas vidas uma paz interior, enquanto ao nosso redor o mundo atravessa mudanças rápidas e revolucionárias, a vitória estará à nossa espera. Mas teremos de definir metas claras. Deveremos assumir as rédeas da nossa vida, dirigir nossos estados de espírito, resolver nossos conflitos internos e irradiar paz e coragem em cada situação que vivermos.

A obra que está em suas mãos investiga e descreve três métodos – em parte simultâneos – de obter uma serena felicidade enquanto enfrentamos os desafios do século 21.

O o o O

A estrutura de *Três Caminhos Para a Paz Interior* não é necessariamente linear. Você pode começar a leitura pela parte que lhe chamar mais atenção de imediato. Sirva-se livremente: acompanhe o curso natural da leitura ou coloque os capítulos do livro na seqüência das suas próprias prioridades e interesses.

Os três aspectos da sabedoria abordados são: a combatividade, o autoconhecimento e a renúncia. Essas três energias indispensáveis formam um triângulo de luz capaz de guiar-nos através de realidades e tempos muito diversos. A cada instante é preciso lutar pelo que queremos, observar a nós próprios e renunciar ao que é errado ou nocivo.

Os três componentes da caminhada espiritual podem ser vistos simultaneamente ou como parte de uma seqüência. Do ponto de vista seqüencial, primeiro devemos reconhecer que viver é perigoso e agir como guerreiros, estabelecendo bases seguras para a nossa paz e a nossa tranqüilidade. Depois vem a etapa do autoconhecimento. Nela, aprendemos a enfrentar os desafios que surgem do funcionamento prático da nossa natureza contraditória, que é simultaneamente animal, humana e divina. Finalmente surge diante de nós a terceira etapá, a renúncia a nós próprios, que abre caminho para a bênção suprema e a felicidade eterna.

Ao longo de toda uma vida, a seqüência de luta, autoconhecimento e renúncia também está presente. Na infância, a alma passa pela auto-afirmação. Na juventude, surge o autoconhecimento. Na maturidade, aprende-se a renunciar e se encontra a plenitude.

O o o O

A arte de viver é curiosa: em qualquer lugar e tempo, a paz interior só depende de nós próprios. Ela é uma possibilidade a cada instante, e não é necessário adiá-la. Ao mesmo tempo, ela tem a tendência de estar conosco durante períodos curtos. Sentimos paz um dia, e no dia seguinte somos carregados pela agitação. Conseguimos compreender e eliminar um conflito, e pouco depois surge outro desafio que afasta a nossa tranqüilidade.

Isso ocorre porque ninguém é uma ilha isolada, e também porque a paz nunca se separa da verdade, da justiça e do equilíbrio. Sem esses fatores, ela é apenas uma ausência temporária de conflito que pode provocar mais sofrimento no futuro; mas com eles ela é perfeita, durável e indestrutível.

É necessária toda uma caminhada de autotransformação para que possamos obter uma paz interior, completa e equilibrada, que seja feita de felicidade e que possa iluminar todos os aspectos da nossa vida.

O destino da alma humana é vencer, mais cedo ou mais tarde, os seus desafios. Essa obra coloca ao seu alcance elementos necessários para que essa vitória ocorra mais cedo. Há milhares de anos a tradição oriental ensina que "quando o discípulo está pronto, o Mestre aparece". E nós poderíamos acrescentar: "Quando o aprendiz está pronto, a paz o ilumina". No entanto, cada um tem de preparar-se pessoalmente para a paz.

Parte Um

O Caminho do Guerreiro

O bom líder não é belicoso.
O bom lutador não perde a cabeça.
O vencedor hábil triunfa sem lutar.

***Tao Te King,* de Lao-tzu**[1]

---

1 *Tao Te King,* de Lao-tzu, na versão de Richard Wilhelm, Ed. Pensamento, SP. Ver capítulo LXVIII, p. 107.

2

Uma Questão de Bom Senso

Os últimos anos de vida foram os mais agradáveis para a escritora Helena Blavatsky. Ela morava em Londres e podia sentir que a missão da sua vida estava quase completa.

O movimento teosófico moderno, que ela fundara, seguiria seu curso ao longo do tempo. Estava feita a ponte entre as culturas orientais e ocidentais. Uma linha de luz ligava as ciências, filosofias e religiões dos tempos antigos e modernos. A publicação da obra *A Doutrina Secreta,* em 1888, lhe dava grande paz. Estava rodeada de trabalhadores voluntários e idealistas que faziam de tudo para ajudá-la. Certo dia, uma jovem teosofista aproximou-se da velha pensadora e perguntou-lhe ansiosamente, cheia de óbvia admiração pessoal:

"Qual é a coisa mais importante e necessária no caminho da sabedoria?"

"Bom senso, minha querida".

"E o que a senhora colocaria em segundo lugar?"

"Um senso de humor", disse a espiritualista, que não aceitava ser tratada como autoridade infalível.

"E em terceiro?"

"Ah, só MAIS bom senso", arrematou Blavatsky, já dando sinais de impaciência.[1]

O o o O

Alguém escreveu acertadamente que, em uma guerra, a primeira vítima é a verdade. E poderia ter acrescentado que, em qualquer conflito psicológico, uma das primeiras coisas que se perde é o bom senso. Por isso é fundamental percorrer o caminho espiritual sem conflitos desnecessários. Como todo guerreiro sábio, o espiritualista conhece e estuda as leis do conflito para livrar-se dele e viver em paz. Assim ele preserva o bom senso indispensável para enxergar com clareza o caminho a seguir.

Há uma história sufi que ilustra essa questão. A tradição sufi é a dimensão esotérica da religião islâmica e tem muitos pontos em comum com a cabala, que é a tradição esotérica do judaísmo. As duas religiões são irmãs e o conflito entre árabes e judeus é, naturalmente, fratricida. A tradição sufi tem numerosas histórias sobre um personagem mítico, imprevisível e irreverente, o mulá (sacerdote) Nasrudin. Vejamos uma delas.

Em certa época, Nasrudin costumava cruzar a fronteira diariamente montado em um burro. Ele confessava abertamente que era um contrabandista, mas só levava no burro duas pequenas cestas de vime, vazias. Ele estava visivelmente enriquecendo. Um dia, retirou-se para viver tranqüilo em outro país. Anos mais tarde, um dos guardas da fronteira cruzou com ele por acaso e aproveitou para perguntar:

"Agora você já pode me dizer, Nasrudin: o que você estava contrabandeando, afinal?"

---

[1] *Helena Blavatsky,* obra de Sylvia Cranston, Editora Teosófica, Brasília, 1997, 678 pp. Veja a p. 375.

"Burros", respondeu Nasrudin.[2]

A história ilustra a dificuldade humana de perceber o óbvio. Distinguir o que é óbvio é ter bom senso. As coisas que estão todo dia diante de nós são as mais difíceis de compreender: inclusive as pessoas mais próximas. "O coração do homem e o fundo do oceano são insondáveis", diz um ditado judaico. Para conhecer o outro, é preciso conhecer a si. Jesus Cristo, no Novo Testamento, aconselha:

"Por que reparas no cisco que está no olho do teu irmão, quando não percebes a trave que está no teu? (...) Hipócrita, tira primeiro a trave do teu olho e então verás suficientemente bem para tirar o cisco do olho do teu irmão." (Mt. 7: 3-5) Quando nos distraímos com coisas externas, perdemos o bom senso necessário para viver corretamente.

O bom senso também requer desapego. Receios e ambições turvam a nossa visão. Mas aquela confiança básica no fluxo da vida que é o alicerce do verdadeiro desapego nos faz enxergar as coisas objetivamente e sem auto-ilusões. Isso nos liberta do sofrimento e nos dá um sentido superior de felicidade. Conta uma história dos tempos antigos que certo dia um grande sábio caminhava, meditando, quando cruzou com um grupo de pessoas agachadas, tristes, junto a um muro. Perguntou, então, o Mestre:

"Por que vocês parecem infelizes?"

"O medo do fracasso nos deixa assim", foi a resposta. O sábio seguiu seu caminho e encontrou outro grupo de pessoas, com olhares duros, cuja amabilidade era apenas externa e falsa, porque não tinham paz interior. E perguntou:

"Por que estão tensos?"

"A busca da iluminação espiritual nos preocupa, senhor", responderam.

O Mestre continuou caminhando e encontrou um terceiro grupo de pessoas que, evidentemente, haviam sofrido

---

2 Uma das versões dessa história está no livro *Histórias de Nasrudin*, Edições Dervish, SP, 1994, 174 pp. Veja a p. 116.

muito, mas seus rostos estavam iluminados pela alegria. E ele perguntou:

"Por que estão felizes?" E eles responderam, sorrindo:

"Por causa da força da verdade. Vimos a realidade e a aceitamos como ela é, incondicionalmente. Isso nos afastou de todas as metas menores da vida."

Perdemos uma quantidade enorme de energia mental querendo que as coisas sejam diferentes do que são. O processo de meditação, no que tem de mais elevado, é exatamente o ato de contemplar e reconhecer a realidade sem falsificações, sem torcer ou distorcer. O *nirvana*, para a filosofia esotérica, é a ausência total de desejos. O êxtase é não querer que o tempo passe mais ligeiro ou mais devagar. É reduzir a zero as preocupações pessoais, sem fugir do cumprimento do dever, e aplicar a energia vital inteira ao desenvolvimento do nosso potencial divino.

As condições prévias e as etapas a cumprir antes de fazer isso são, muitas vezes, apenas fantasias e desculpas que criamos para não dar o primeiro passo concreto. Quando um garoto foi apresentado a um conhecido teólogo como sendo "uma criança de inteligência privilegiada", o religioso resolveu testar o raciocínio do jovem:

"Dou-lhe um doce se você me disser onde está a energia divina". E o menino respondeu:

"Eu lhe ofereço uma bandeja de doces se você me disser onde ela não está."

Se o que é sagrado está em toda parte, inclusive aqui, não é necessário buscá-lo em parte alguma. Basta deixar de lado as ilusões e focar nossa consciência nele. É uma questão de bom senso. Mas para vencer o desafio é preciso abandonar a preocupação egoísta consigo mesmo, que costuma disfarçar-se sob belas aparências e lindas justificativas. Essa é uma tarefa do guerreiro da verdade.

3

O Combate no Caminho da Luz

A vida é dual. Ela é feita de espírito e matéria, paz e combate, descanso e esforço, unidade e variedade, harmonia e conflito.

A todo momento há células nascendo, combatendo e morrendo em nosso organismo. No nosso sangue, os leucócitos ou glóbulos brancos lutam como bons soldados para defender a saúde do corpo. Um combate parecido ocorre no plano das emoções e dos pensamentos. O grande desafio, que torna a vida mais estimulante, é poder viver isso com sabedoria.

A mente humana é um campo de batalha onde a luta entre verdade e ilusão desconhece o que é trégua. O homem sábio não ignora o conflito entre luz e sombra, mas aprende a ganhar a batalha como um bom guerreiro.

Quando vê alguém agir insistentemente como ignorante e egoísta, o bom guerreiro pensa: "Se eu tivesse mais sabedoria, poderia irradiar a luz da verdade até iluminar essa pessoa." Quem se comporta como adversário é alguém que a vida utiliza para acelerar nossa evolução pessoal. Por outro lado, a vibração do ódio e do rancor tem três maneiras de nos derrotar. Digamos que alguém procure você com um sentimento de ódio. Você tem a possibilidade de aceitar o sentimento de rancor. Ou pode ter raiva do rancor (porque você não gosta de injustiças). E ainda é possível que você sinta medo de tamanho rancor. Na verdade, o medo tem a mesma substância do ódio.

Com qualquer uma dessas três reações, você perde a sua serenidade. Por isso, para manter a paz interior é preciso ser um guerreiro. O guerreiro conhece os mecanismos do rancor e graças a isso é capaz de evitá-lo. "A mente é como uma espada", diz a tradição zen. Ela deve estar afiada, e deve ter um propósito único. O objetivo da espada da mente nunca pode ser ferir alguém. O sábio não busca duelos pessoais, embora não tenha medo deles. O objetivo único da espada do guerreiro é rasgar os véus da ilusão para que o seu espírito possa ver claramente a verdade.

Mas só a mente pura pode ser como uma espada afiada. Se pudéssemos tornar eficazes as espadas das nossas mentes antes de saber usá-las com ética e justiça, agiríamos com egoísmo para prejudicar outras pessoas e, assim, atrairíamos enormes maldições para nós próprios. O egoísta é protegido de um sofrimento maior pela sua própria dispersão mental e ineficácia. As tentativas de despertar poderes mentais sempre fracassam enquanto não há pureza no coração, porque para ser um guerreiro vitorioso é preciso ter, antes, um coração inofensivo. "Antes que a voz possa falar na presença dos Mestres, deve ter perdido o poder de ferir", ensina *Luz no Caminho*. [1]

---

[1] *Luz no Caminho*, Mabel Collins, Editora Teosófica, Brasília, p.29.

O o o O

Para o guerreiro da luz só existe conflito entre duas faixas vibratórias: a da paz e a da desarmonia. O objetivo estratégico do bom guerreiro é manter a paz interior em todas as situações. As armas que ele usa são, entre outras, o desapego, o silêncio, a gratidão, o perdão, o autoconhecimento e a renúncia. As armas do inimigo são a indulgência, a vaidade, a preguiça, a teimosia e outras freqüências vibratórias que escravizam o ser humano ingênuo às causas do sofrimento. Esse é o grande combate da vida: a guerra entre luz e sombra que se desenvolve dentro de cada cidadão.

Do ponto de vista dessa luta, não é mau enfrentar circunstâncias difíceis na vida ou ter de conviver com algumas pessoas que alimentam má vontade em relação a nós. A transmutação alquímica consiste em transformar chumbo em ouro. A flor do lótus nasce no pântano, e é do limão azedo que se faz uma boa limonada. Jesus, no Novo Testamento, mandou oferecer a outra face aos nossos inimigos. O significado do conselho é "não aderir à vibração do ódio". A tradição esotérica afirma: "Não há amigos nem inimigos; todos são igualmente nossos instrutores." Carlos Castaneda ensinou a técnica do *tirano insignificante*, pela qual o aprendiz adota como seu instrutor o inimigo que quer destruí-lo ou humilhá-lo.

"A vaidade é o nosso maior inimigo", diz o mestre de Castaneda, Dom Juan, em *O Fogo Interior*.[2] "O que nos enfraquece é nos sentirmos ofendidos pelos feitos e desfeitos dos nossos semelhantes. Nossa vaidade faz com que passemos a maior parte das nossas vidas ofendidos com alguém."

É essa preocupação egoísta que nos faz perder energia. Essa é a fonte de nossa dispersão mental e emocional. As dificuldades materiais e o convívio com pessoas difíceis são

---

[2] *O Fogo Interior*, Carlos Castaneda, Editora Record, RJ, capítulo 2.

mecanismos pelos quais podemos observar como funcionam em nós o medo e a esperança. Na luta mortal entre a paz e o rancor, o guerreiro se fortalece através de *cinco atributos* básicos: 1) autocontrole; 2) disciplina; 3) paciência; 4) capacidade de ver oportunidades; e 5) vontade. Esses cinco elementos interagem entre si. "O sexto elemento, talvez o mais importante de todos, pertence ao mundo exterior e é chamado de *pequeno tirano*", escreveu Castaneda.

O *pequeno tirano* é alguém que está em uma posição privilegiada em relação ao guerreiro e pode hostilizá-lo de várias formas, impunemente. Ou até destruir sua vida. Uma situação objetiva muito difícil também pode funcionar como pequeno tirano. A existência desse desafio ameaçador força o guerreiro a fazer uso de todas as suas forças, com atenção, calma, confiança e determinação. Na tradição esotérica oriental, essa etapa de testes é chamada de "caminho probatório".

Para o guerreiro, o maior perigo está no excesso de conforto. Uma situação agradável em que todos nos tratam bem estimula a preguiça, a vaidade, o orgulho e outros inimigos capazes de nos destruir facilmente, depois de fazer com que nossa vigilância adormeça.

À medida que se liberta das descrições verbais do mundo e observa a vida diretamente e por si mesmo, o guerreiro é capaz de adotar um grau cada vez mais alto de disciplina. Percebendo como se dá o fluxo das energias, ele evita o desperdício da sua força vital. A disciplina passa, então, a ser algo natural.

A visão do caminho espiritual como um combate é uma imagem simbólica presente nas principais tradições religiosas. Sua má compreensão e sua interpretação literal é que dão lugar às chamadas *guerras santas*, em que fanáticos matam pessoas ou buscam destruir povos de outras religiões a fim de agradar a Deus. Em escala menor, essa visão equivocada do combate espiritual produz lutas por poder dentro de uma mesma organização religiosa ou espiritualista, ou entre diferentes movimentos cujos objetivos são semelhantes. Ocorre, então, um conflito neurótico em que cada um projeta sua própria sombra sobre os outros.

Desde tempos imemoriais, a busca espiritual é descrita como uma guerra, e o espiritualista como um guerreiro. As grandes escrituras adotam essa imagem. "Bendito seja Iahweh, o meu rochedo, que treina minhas mãos para a batalha e meus dedos para a guerra", diz o Salmo 144. A imagem da guerra simboliza o conflito entre as virtudes elevadas do eu imortal e a vibração densa das emoções e dos desejos inferiores. No *Bhagavad Gita* hindu, o discípulo Arjuna fica desanimado ao ver que se prepara uma batalha mortal entre ramos diferentes da sua família e de seu povo. E o mestre Krishna, então, pergunta: "De onde vem, Arjuna, essa fraqueza indigna de um homem?" E faz o elogio da ação decidida e do cumprimento do dever.

Os inimigos de Arjuna, na verdade, são seus próprios sentimentos de apego, preguiça, orgulho, medo e cobiça; esses são os parentes e amigos que terá de matar. "Os sentidos te transmitem o sentimento do calor e do frio, do prazer e da dor", ensina Krishna a seu discípulo. "Mas essas mudanças vão e vêm, porque pertencem ao temporário, ao impermanente, ao inconstante. Suporta-as com equilíbrio, coragem e paciência, oh príncipe! O homem que não se deixa mais atormentar por essas coisas, e que se conserva firme e inabalável no meio do prazer e da dor, mas possui a verdadeira igualdade de ânimo, esse, sim, entrou no caminho da imortalidade." [3]

Todo conflito externo é basicamente a continuação, por outros meios, de um conflito interno. Quando conseguimos

---

[3] *Bhagavad Gita,* tradução de F. Valdomiro Lorenz, Ed. Pensamento, SP, capítulo 2.

viver em paz com nós mesmos, conseguimos viver em paz com os outros. Nesse caso, mesmo que haja dificuldades, não perdemos a tranqüilidade. Quando sentimos vontade de agredir ou prejudicar alguém, devemos fazer um exame de consciência. Como está funcionando o jogo de sombras? Quem está jogando sobre os outros o seu lado sombrio? Há três coisas que o guerreiro não deve fazer: 1) projetar suas fraquezas sobre os outros; 2) aceitar passivamente que outros lancem suas sombras sobre ele; 3) criar um processo longo de disputa, rancor e agressividade, alegando que os outros tentam projetar sombras sobre ele. Ser impecável implica evitar isso tudo, e a tarefa é misteriosamente possível.

A questão de como reagir quando alguém lança sobre nós as energias negativas da inveja ou do rancor é de grande importância para quem pratica a arte de viver corretamente. Do ponto de vista energético, o processo é mais ou menos o seguinte: quando alguém ergue seu nível de consciência e adota uma vibração mais fraterna, abandona necessariamente sua couraça protetora e se torna mais sensível, tanto diante da maravilha da verdade espiritual quanto diante do horror do egoísmo humano. A vibração sincera, sem couraça, pode atrair pequenos tiranos que tentarão dominar o buscador da verdade, ou pelo menos arrancar dele uma resposta egoísta e agressiva. Eles tentam assim, em alguns casos desesperadamente, confirmar as suas próprias descrições do mundo, segundo as quais "todas as pessoas são egoístas".

Aquele que pretende viver sábia e fraternalmente deve passar sem ódio por essas pequenas crucificações. Mas o que é que vai para a cruz? Apenas a própria ingenuidade infantil. A verdadeira consciência do guerreiro passa, isso sim, por uma ressurreição, alcançando o misterioso poder do autoconhecimento e da renúncia. O guerreiro não perde demasiado tempo com invejosos porque sabe que eles são como mosquitos cujas picadas são úteis para o seu treinamento.

Se as cargas negativas que o guerreiro receber ao longo do caminho fizerem com que ele se distraia da sua meta, é porque ele não está maduro para avançar vitoriosamente. Terá de parar e fazer uma reavaliação. Mas, por outro lado, ele também deve evitar o papel de "bode expiatório". Para isso deve ser impessoal, impecável e implacável no cumprimento das suas metas de curto prazo. Deve ser insondável, imprevisível, e ao mesmo tempo não pode causar mal algum a ninguém. Mais importante que tudo, deve buscar "o poder que o faz parecer nada aos olhos dos outros", segundo a sabedoria esotérica. Deve evitar demonstrações de orgulho e avançar anonimamente, sem buscar reconhecimento ou contar vantagens. Os conflitos por poder – sutis ou não – se dão em função de algum jogo de aparências em que o narcisismo está presente. O guerreiro foge dos jogos de aparências, porque sabe que a imagem da realidade não é a realidade, e a vida é demasiado curta para que se perca tempo com estratégias de faz-de-conta.

O guerreiro *vence* sua própria sombra, *dribla* a ignorância dos outros e *irradia* paz e sabedoria. Os três processos são simultâneos e requerem a sensibilidade de um estrategista. O clássico livro chinês *A Arte da Guerra*, de Sun Tzu, ensina um conhecimento estratégico que pode ter grande utilidade para quem deseja viver corretamente. Um dos textos complementares à obra *A Arte da Guerra* afirma:

"Quando o dever prevalece sobre o desejo, isso resulta em florescimento; quando o desejo prevalece sobre o dever, isso resulta em morrer. Quando a seriedade prevalece sobre a preguiça, isso resulta em boa sorte. Quando a preguiça prevalece sobre a seriedade, isso resulta em destruição."[4]

O *Yin Convergence Classic*, texto taoísta considerado anterior ao próprio *Tao Te King*, mostra que a interiorização, a meditação e o autoconhecimento são a melhor maneira de evitar conflitos interpessoais e mesmo a guerra:

---

[4] *A Arte da Guerra – Os Documentos Perdidos*, Sun Tzu II, comentários de Thomas Cleary, Editora Record, RJ, pp. 154-155.

"Faça introspecção três vezes por dia e durante a noite. É dez mil vezes melhor do que mobilizar o exército."[5]

Quando vencemos a auto-indulgência, não deixamos para amanhã o que pode ser feito hoje, mas preferimos prevenir ao invés de remediar. "Identificar a dificuldade e vencê-la enquanto ela ainda é fácil, fazer o que é grande enquanto ele ainda é pequeno, recompensar o acerto em vez de esperar o erro e a necessidade de puni-lo, isso é ter sutileza no uso das nossas forças", ensinou Zhuge Liang no século três da nossa era. E acrescentou: "A arte da vitória certa, o modo de harmonizar-se com as mudanças, é uma questão de aproveitar as oportunidades. E de todos os caminhos para perceber a oportunidade, nenhum é melhor que o inesperado." [6]

O caminho da vitória requer que estejamos livres do passado e de tudo o que pensamos conhecer, e abertos para trilhar caminhos novos e conviver com o desconhecido.

É claro que estar livre do que já passou não significa ignorá-lo. Ao contrário. Conhecendo bem o passado, o guerreiro não tem necessidade de repeti-lo. Cada erro corrigido e cada sofrimento compreendido são um passo da caminhada do guerreiro. Cada defeito eliminado se transforma em uma virtude.

---

[5] *O Conhecimento da Arte da Guerra,* Comentários de Zhuge Liang e Liu Ji sobre o clássico de Sun Tzu, obra editada por Thomas Cleary, Editora Gente, SP, pp. 14-15.

[6] *O Conhecimento da Arte da Guerra,* Comentários de Zhuge Liang e Liu Ji, obra citada, pp. 38 e 39.

4

A Luta Entre Bem e Mal

Não pergunte onde, nem quando, se dá a luta entre o bem e o mal. Ela ocorre dentro de você, o tempo todo. A vitória do bem é certa, e resultará do gradual crescimento interior da bondade e do discernimento em seu coração. Mas como acontece isso?

Compreender o longo e encarniçado combate entre os dois princípios opostos da ignorância e da sabedoria dentro da alma humana é algo extremamente útil, hoje, para que a nova era de fraternidade universal possa nascer em um parto normal e sem sofrimentos desnecessários. Naturalmente, essa compreensão também é decisiva para que sejamos mais felizes, aqui e agora, em nossas existências pessoais. Porém, o que é o bem? O que é o mal? Vejamos isso com calma.

O o o O

A vida é complexa. Embora tudo o que há no universo obedeça à grande lei transcendental do equilíbrio e da harmonia, o mundo prático costuma funcionar por meio de contrastes: prazer e dor, dia e noite, vida e morte, luz e sombra. Oscilamos entre o novo e o velho, o verdadeiro e o falso, a vitória e a derrota, a calma e a ansiedade. Diante das condições enganosas, contraditórias e mutáveis criadas pela vida, cada um de nós tem de escolher os papéis que cumprirá. Podemos, por exemplo, assumir a atitude do inocente, que não sabe de nada; da vítima, que sofre injustamente; ou da testemunha, que observa silenciosamente os fatos. Podemos ser o algoz, que faz os outros sofrerem, provavelmente para vingar-se de algo ou tentando evitar sua própria dor. Ou talvez nos identifiquemos mais com a figura do herói, que dedica sua vida a uma causa nobre e pretende curar ou diminuir a dor dos outros. Vivemos, além disso, os papéis de filhos, namorados, pais, irmãos e amigos. Mas também podemos ser o inimigo, o crítico, o líder, o sábio ou o aprendiz. Podemos viver como preguiçosos ou trabalhadores, e assim por diante. O número das possibilidades é infinito. Em um momento ou outro de nossas vidas, desempenharemos cada um desses papéis dramáticos e muitos outros. À medida que passa o tempo, conhecemos milhares de matizes de fracassos e vitórias, de erros e acertos, e vamos recolhendo a cada momento fragmentos de aprendizado e sabedoria.

Cada um de nós constrói o drama particular da sua vida no contexto do vasto drama coletivo da humanidade. Uma fonte básica do conflito que tece o drama é o fato de que estamos psicologicamente divididos entre os dois *eus* ou *focos centrais* da nossa consciência, cujos interesses e visões de mundo são diametralmente opostos. Um deles, nosso *eu superior*, é eterno e imortal, mas também é invisível e silencioso. O outro é visível, aparece sorrindo nas fotos, possui nome, sobrenome e memória pessoal, mas está inevitavelmente condenado à velhice e à morte, depois de algumas décadas. Entre esses dois pólos de identidade ou *eus* se dá aquele processo elétrico, criativo e precário que chamamos de *vida*. Há muitos momentos em que os dois focos organizadores da consciência lutam entre si, e outras situações em que eles cooperam. O *eu inferior* necessita desenvolver grandes quantidades de sabedoria e lealdade até reconhecer de fato que não é o verdadeiro "dono da casa" – nem é o proprietário do seu corpo físico. Então ele compreende que é apenas um coordenador das funções dos cinco sentidos e da memória pessoal, e que sua maior vitória é poder servir fielmente o dono da vida, que mora no silêncio da sua alma. Desse modo ele se transforma em um guerreiro leal a serviço da alma eterna cuja substância é a Verdade. Isso ocorre gradualmente e não sem dor.

Aparentemente comuns, secretamente sagrados, o drama e a trama das nossas vidas individuais são criados e dirigidos por nós a cada instante, através das pequenas e grandes decisões que tomamos. Ao mesmo tempo, colhemos inevitavelmente as conseqüências das decisões e ações do nosso passado próximo e distante. Mas nada ocorre por acaso no universo. A vida se desenrola de modo mais trágico do que cômico, lançando-nos a um mar de contrastes e incertezas com o propósito definido de que possamos desenvolver por mérito próprio quatro qualidades que levam nossa *alma imortal* à perfeição e à felicidade:

1) Uma ***vontade pura***, impessoal e inabalável.
2) Um ***amor incondicional***, que não espera nada em troca.
3) O ***discernimento*** natural do que é verdadeiro e falso.
4) O ***desapego*** total em relação a tudo, exceto à lei eterna do equilíbrio e da harmonia que governa o universo.

A sucessão de dores e prazeres que vivemos desde o berço até o túmulo tem como função prática estimular nossa caminhada do apego para o desapego; do ilusório para o real; da ignorância para a sabedoria. As qualidades do guerreiro espiritual, o herói do drama humano, não podem ser obtidas isoladamente, mas apenas em conjunto e num processo temperado pelo discernimento. Por exemplo: uma vontade pura e um amor incondicional podem levar a um desastre de grandes proporções, caso não estejam acompanhados de quantidades correspondentes de bom senso e desapego. Esses dois últimos não surgem gratuitamente e nunca andam um sem o outro. Além disso, as quatro qualidades centrais enumeradas acima podem mostrar-se de muitos modos diferentes nas situações da vida cotidiana, assumindo a aparência de confiança ou de cautela, de tolerância, de generosidade, humildade, tenacidade e muitas outras modalidades da energia vital única.

No estágio atual da evolução humana, há um jogo complexo de matizes alternados de luz e sombra, vida e morte, primavera e outono, verdade e mentira. Essas tonalidades mudam o tempo todo, como imagens de um caleidoscópio. E isso ocorre por dois motivos.

Em primeiro lugar, as boas qualidades convertem-se facilmente em defeitos se não houver discernimento e sabedoria suficientes. Quando há um excesso ou desequilíbrio, a coragem se torna imprudência, a cautela passa a ser covardia, a tolerância se torna complacência e a firmeza revela-se teimosia. Por isso o bom senso e a moderação são absolutamente decisivos: "O exagero é a verdade que perdeu a calma", escreveu Kahlil Gibran.[1]

Em segundo lugar, além de as qualidades se transformarem em defeitos quando são exercidas em excesso ou em contextos impróprios, há uma luta tão sutil quanto implacável entre a verdade dos fatos e as aparências ilusórias. Por isso os defeitos podem parecer qualidades, e as qualidades freqüentemente parecem defeitos. O ato corajoso às vezes tem um jeito imprudente, assim como a atitude meramente covarde pode revestir-se com toda a aparência de uma sábia prudên-

---

1 *As Últimas Horas de Gibran,* coletânea de textos de Kahlil Gibran, Nova Época Editorial Ltda., SP, 105 pp, ver p. 57.

cia. O veneno maior do erro é que ele se disfarça de acerto. Alguém já escreveu que a mentira homenageia a verdade imitando-a. Mas não é uma homenagem sincera. Condenado a correr atrás da virtude, cujo poder movimenta o universo, o vício apenas imita as suas qualidades externas como um lobo vestido com a pele de uma ovelha. Só o discernimento e o desapego permitem desenvolver a vontade pura e o amor incondicional que protegem o cidadão deste perigoso jogo de luz e sombra.

Cyril Scott deixou entrever em um dos seus livros que há dois motivos pelos quais o tolo e o sábio freqüentemente se confundem. É que por um lado o tolo faz de tudo para parecer sábio e, por outro lado, o sábio não faz qualquer esforço importante para não parecer tolo. São Francisco de Assis falava de si mesmo como de um pecador. O senhor Buda recomendava a seus discípulos que mostrassem os seus defeitos e escondessem suas boas obras.[2] Em Mateus, 23, Jesus Cristo deixa de lado toda e qualquer linguagem diplomática para chamar de "hipócritas" e de "sepulcros caiados" os que imitam a aparência exterior da santidade:

"Ai de vós, escribas e fariseus, hipócritas, que limpais o exterior do copo e do prato, mas por dentro estais cheios de rapina e de intemperança! Fariseu cego, limpa primeiro o interior do copo para que também o exterior fique limpo! Ai de vós, escribas e fariseus, hipócritas! Sois semelhantes a sepulcros caiados, que por fora parecem bonitos, mas por dentro estão cheios de ossos de mortos e de toda podridão. Assim também vós: por fora pareceis justos aos homens, mas por dentro estais cheios de hipocrisia e de iniqüidade."[3]

---

2 *Ísis Sem Véu,* H. P. Blavatsky, Ed. Pensamento, SP, 4 volumes, ver volume 2, p. 272.

3 Ver *Mateus,* 23: 25-28, segundo *A Bíblia de Jerusalém,* Ed. Paulinas.

Em meio a tantos contrastes, o silêncio é uma arma do guerreiro da verdade. A regra do silêncio está presente em quase todas as disciplinas espirituais. Kahlil Gibran escreveu que "a verdade deve ser conhecida sempre, dita às vezes".[4] O guerreiro evita falar em excesso também porque as suas verdades são provisórias. O seu ponto de vista muda à medida que sua consciência se amplia e ele ganha experiência e discernimento. Mas a eliminação de palavras e atitudes desnecessárias não o transforma em um omisso. Ele defende o bem, age solidariamente e busca a justiça em todas as situações.

É no contexto dos contrastes e ilusões da vida que se deve examinar, cuidadosamente, a questão do bem e do mal e do conflito entre eles. Há três posturas possíveis a respeito.

A primeira é da afirmação automática e simplista do conflito. Os mais apressados evitam pensar. Para eles, o bem está simplesmente na vitória do "eu" contra "os outros" ou do "nós" contra "eles". Nesse primeiro enfoque superficial, o processo do conflito não é questionado. Desenvolve-se um pensamento duplo (que George Orwell chamou de *duplipensar*) capaz apenas de verbalizar a nossa submissão aos sistemas de rancor organizado e ao poder central vigente. Consideramos que "eles" mentem, "nós" apenas não dizemos toda a verdade. "Eles" não assumem compromissos, "nós" só preservamos nossa independência. "Eles" são cínicos, "nós" somos irônicos. "Eles" fazem fofocas, "nós" comentamos as novidades. "Eles" fazem calúnias, "nós" criticamos com toda razão. "Eles" atacam, "nós" nos defendemos; "eles" sempre são culpados, "nós" sempre somos inocentes. O filósofo Sam Keen dá outros exemplos, mostrando como esse mesmo tipo de pensamento duplo serve para justificar o nacionalismo, os conflitos ideológicos e até guerras:

---

4 *As Últimas Horas de Gibran*, obra citada, ver p. 49.

"Nós dizemos a verdade e informamos; eles mentem, usam propaganda. Nós apenas nos defendemos; eles são agressores. Nós temos um ministério de defesa; eles têm um ministério da guerra. Nossos mísseis são para evitar uma guerra; as armas deles são para atacar primeiro."[5] Para Sam Keen, as pessoas criam inimigos lançando sobre seus adversários a avidez, o ódio e a negligência que não ousam assumir como seus.

Desse ponto de vista, na vida política, por exemplo, tudo o que os setores "de esquerda" fazem é considerado certo, e tudo o que a "direita" faz é errado – ou vice-versa. No futebol, o juiz que favorece o nosso time "é camarada", o juiz que favorece o time adversário, ou que não nos favorece, "é ladrão".

Em todas as guerras e conflitos armados da história humana, os diversos lados afirmaram estar defendendo o bem contra o mal. É o caso, nos últimos mil anos, dos conflitos religiosos envolvendo cristãos, muçulmanos, hindus e judeus, entre outros. Mas quando as pessoas chegam ao ponto de matar umas às outras em nome de Deus, é claro que seu conceito de "Deus" precisa ser reexaminado. Há certas maneiras de "defender o bem" que causam mais sofrimento e injustiça do que qualquer outra coisa. Discutiremos isso mais amplamente no capítulo 11, intitulado *A Psicanálise das Religiões*.

Esse primeiro enfoque superficial e automático da questão do bem e do mal é cômodo porque tem resposta pronta para todas as situações e não requer o uso do pensamento racional. Pensar é perigoso, porque pode revelar verdades incômodas.

---

5 "O Criador de Inimigos", texto de Sam Keen incluído em *Ao Encontro da Sombra*, coletânea organizada por C. Zweig e J. Abrams, Editora Cultrix, SP, capítulo 41, pp. 219 e seguintes.

A segunda atitude diante do conflito entre o bem e o mal é mais sofisticada e pode ser encontrada com certa facilidade nos meios religiosos e espiritualistas. Trata-se da *negação infantil do conflito*. O pacifista ingênuo faz de conta que todo conflito é inútil ou ilusório, e com isso evita tomar uma posição clara. Nega seus próprios sentimentos de rancor, que passam a fazer parte da sua "sombra" inconsciente. Pensa, por exemplo, que "nazismo e democracia são a mesma coisa", e que a injustiça social ou a corrupção na política não devem ser combatidas "porque, afinal, fazem parte do mundo externo ilusório". Prefere não perceber que há no mundo externo um doloroso conflito entre verdade e ilusão, sinceridade e mentira; que esse conflito externo é influenciado e também influencia o que ocorre na alma humana, pois é, na verdade, parte dela.

Fechando os olhos para a realidade externa, o pacifista superficial desiste de usar o discernimento. Pensa que o caminho espiritual consiste em nunca dizer uma palavra áspera e manter sempre um sorriso nos lábios. Repetindo os escribas e fariseus criticados por Jesus, trata de imitar da melhor maneira possível o suposto comportamento externo e o olhar sublime dos santos, tal como aparecem em retratos das igrejas. Esse enfoque nega a existência de todo mal. Assim, evita comodamente proteger a verdade contra a mentira ou a justiça contra a opressão, alegando que "a iluminação espiritual transcende as ilusões dualistas".

Essa postura superficial tem em comum com o enfoque anterior o fato de que ambos resultam de uma boa dose de preguiça mental. São dois sistemas de alinhamento automático: o primeiro afirma o conflito sem questionamentos, o segundo o nega de modo igualmente mecânico.

O pacifismo cego acaba buscando certas conveniências de curto prazo através do convívio supostamente inocente com o erro, a injustiça e a mentira. Por isso, o hábito de pensar por si próprio e de agir guiado por sua consciência interior é considerado uma qualificação indispensável para o guerreiro espiritual.

A terceira atitude, mais complexa, evita os dois extremos da afirmação e da negação automáticas do conflito entre bem e mal. Nesse caso, o cidadão sabe que todo conflito se dá primariamente *dentro* da alma humana e só secundariamente *fora* dela; porém, ele não despreza os conflitos externos, não só porque percebe que eles fazem parte do seu drama psicológico interior, mas também porque sente que deve assumir uma postura ética diante da vida. Segundo a literatura teosófica, entre as qualificações necessárias para o aprendizado espiritual estão o corajoso suportar das injustiças pessoais, a destemida declaração de princípios e a valente defesa dos que são injustamente atacados.

Desse ponto de vista, a promoção da democracia e da liberdade de pensamento em todos os níveis da sociedade tem importância decisiva. A justiça social, a preservação do meio ambiente e a ética na política, assim como a cultura e a educação, facilitam o desenvolvimento espiritual dos cidadãos, aumentam a sua sabedoria e diminuem radicalmente o sofrimento coletivo.

Esse terceiro enfoque reconhece que há conflito, mas afirma que a atuação no conflito deve ser no sentido de: 1) evitar causar mais mal; 2) fazer o bem; e 3) compreender, esclarecer e purificar os desejos que levaram ao conflito. Nada disso, porém, implica lavar as mãos – como Pôncio Pilatos – diante da injustiça.

O Mahatma Koothoomi, um dos raja-iogues dos Himalaias que inspiraram a criação do movimento teosófico, escreveu no século 19:

"O mal não tem existência em si mesmo e é apenas a ausência do bem (...). A natureza é destituída de bondade ou maldade; ela segue apenas leis imutáveis quando dá vida e alegria ou manda sofrimento e morte, destruindo o que havia criado. A natureza tem um antídoto para cada veneno, e suas leis possuem uma recompensa para cada sofrimento. A borboleta devorada pelo pássaro se torna aquele pássaro, e o pequeno pássaro morto por um animal alcança uma forma mais elevada."

O mestre fala aqui da lei do carma e da reencarnação, que opera em todos os reinos da natureza. E prossegue: "Essa é a lei da necessidade e da eterna adequação das coisas, e portanto não pode ser considerada um mal na natureza. O verdadeiro mal surge da inteligência humana e sua origem está inteiramente no homem que raciocina e se afasta da natureza (...) O mal é o exagero do bem, produto do egoísmo e da ganância humanos."

A esta altura, alguém poderia perguntar: "Por que, então, há doenças e morte?" O mestre responde, no mesmo trecho:

"Pense profundamente e verá que, com a exceção da morte – que não é um mal, mas uma lei necessária – e de acidentes, que sempre terão suas recompensas em uma vida futura, a origem de cada mal, seja pequeno ou grande, está na ação do homem, cuja inteligência faz dele o único agente livre da natureza. Não é a natureza que cria doenças, mas o homem. A missão e o destino dele na economia da natureza é ter uma morte natural provocada pela velhice; salvo acidentes, nem um homem selvagem nem um animal selvagem (livre) morrem devido a doenças. Comida, relações sexuais, bebida, são todas necessidades naturais da vida; no entanto, o excesso delas traz doenças, miséria, sofrimento mental e físico; e esses últimos são transmitidos como os maiores males para as gerações futuras, descendentes dos culpados."

A busca egoísta do bem particular causa o mal e o sofrimento para os outros e, a médio prazo, para nós próprios. O mestre continua: "A ambição e o desejo de assegurar felicidade e conforto para aqueles que amamos através da obtenção de honras e riquezas são sentimentos naturais dignos de elogios, mas quando eles transformam o homem em um tirano cruel e ambicioso, um miserável, um egoísta, trazem miséria indescritível para os que estão ao redor dele; e para nações, tanto quanto para indivíduos. (...) Torne-se um glutão, um devasso, um tirano, e você se transforma em um gerador de doenças, de sofrimento e miséria humanos." [6]

A alternativa está em levar uma vida simples; em estudar, compreender e seguir as leis da natureza; em atuar corretamente, deixando que os frutos da boa ação amadureçam e surjam na hora certa. Para viver o bem e evitar o erro, o guerreiro reduz gradualmente a sua *equação pessoal*, isto é, o conjunto de problemas e preocupações que considera importantes e que são capazes de tirar sua paz interior.

---

6 *Cartas dos Mahatmas Para A. P. Sinnett,* transcritas e compiladas por A. Trevor Barker, Ed. Teosófica, Brasília, 2001, dois volumes. Veja a Carta 88, vol. II, p. 61.

5

A Consciência do Guerreiro

Dentro de nós, o guerreiro é aquela parte central do nosso eu que é leal à verdade e ao bem, independentemente de sentir prazer ou dor, de enfrentar vitória ou derrota e de receber homenagens ou humilhações.

Mas como se estrutura, na vida prática, essa consciência interior imperturbável? A experiência de incontáveis gerações de lutadores coloca à nossa disposição um conhecimento acumulado que ajuda a evitar erros desnecessários.

A seguir, veremos dois conjuntos de sete recomendações cada. Eles podem ser úteis para que um guerreiro seja mais eficaz. O primeiro conjunto, abordado nesse capítulo, diz respeito prioritariamente à sua consciência interior. O segundo, que analisaremos no capítulo seguinte, se refere à sua maneira de atuar no mundo.

O o o O

Em **primeiro lugar**, aquele que quiser buscar a verdade deve ter, naturalmente, bastante coragem. O medo é um dos principais obstáculos. Ele diz a você que deve acomodar-se, deve fazer como os outros fazem, e afirma que é perigoso procurar a verdade com independência. Carlos Castaneda escreveu que "o medo é um inimigo terrível, traiçoeiro e difícil de vencer". Muitas vezes o medo age subconscientemente, e nem percebemos sua presença. O guerreiro sábio tem serenidade para perceber e observar o processo do medo, com seus disfarces variados, e assim pode enfrentar e vencer esse desafio.

Em **segundo lugar**, quem busca a paz interior deve estar disposto a saborear a derrota. Ninguém alcança uma vitória madura e durável se, antes, não experimentou serenamente várias tonalidades de derrotas. "Não existe derrota, na verdade: a única derrota é desistir de tentar", escreveu um sábio. Quando podemos viver a derrota sem desespero ou autopiedade, mas serenamente, somos capazes de transformar o fracasso em lição e seguimos adiante, livres para sintonizar com a energia da vitória. A grande pergunta que o guerreiro espiritual se faz a cada momento é: "Estou tentando? Estou fazendo o melhor que posso?"

Quem quiser buscar a verdade deve ter, em **terceiro lugar**, consciência de que é mortal, de que a vida é breve e não há tempo a perder. Quantas oportunidades nos rodeiam ou passam por nós a cada momento? Quantas delas deixamos escapar sem nem sequer percebermos claramente a sua presença? "Até as pedras dão sermões", escreveu um dia um grande instrutor.[1] Estamos rodeados de lições e oportunidades a cada instante, mas aproveitamos uma parte muito pequena delas. Consciente de que a vida é preciosa e passageira, o guerreiro sábio se concentra no que tem a fazer e vive intensamente cada minuto.

---

[1] *Cartas dos Mestres de Sabedoria,* transcritas e compiladas por C. Jinarajadasa, Editora Teosófica, 1996, 295 pp. Ver p. 147.

Em **quarto lugar**, quem quiser buscar a verdade não deve se expor demasiado, e sim permanecer sempre com a maior parte de si mesmo em silêncio. O guerreiro não teme ser alvo de agressões. Clarificada a sua meta, ele irá até ela se for necessário em meio a quaisquer ataques de adversários, que, para ele, são apenas as caras externas da ignorância própria ou da ignorância alheia. Porém, o guerreiro evita todo exagero.

O Mahatma Koothoomi escreveu o seguinte sobre os ataques que um guerreiro da luz habitualmente sofre:

"Tem sido sempre assim. Aqueles que vêm zelando pela humanidade através dos séculos, nesse ciclo, têm visto os detalhes dessa luta mortal entre a Verdade e o Erro repetirem-se constantemente. Alguns de vocês, teosofistas, são atingidos apenas em sua honra ou em seus bolsos, mas os que erguiam a fonte de luz nas gerações anteriores pagavam com suas vidas pelo seu conhecimento. Coragem, pois, todos vocês, que querem ser guerreiros da Verdade una e divina; prossigam com valentia e confiança; alimentem sua força moral, não a desperdicem com futilidades, mas usem-na nas grandes ocasiões".[2]

O guerreiro não troca sua meta pela imagem da sua meta, e não se deixa distrair por falsas luzes no caminho, o que o tornaria "demasiado visível" e, portanto, alvo fácil das forças que temem a luz. Na Grécia antiga, os recém-admitidos à escola esotérica de Pitágoras deviam passar alguns anos em silêncio. E *Luz no Caminho*, um dos grandes tratados sobre a sabedoria eterna, recomenda: "Deseja ar-

---

[2] *Cartas dos Mahatmas Para A. P. Sinnett,* transcritas e compiladas por A.T. Barker, Ed. Teosófica, Brasília, 2001, ver carta 130, volume II, p. 287.

dentemente o poder". Mas o poder que o guerreiro deve desejar "é aquele que fará com que ele apareça como nada aos olhos dos outros".[3]

O guerreiro é, pois, interiormente anônimo. Ele sabe – como dizia meu pai, Carlos Lima Aveline – "recolher-se à sua insignificância", isto é, abandonar os variados processos de auto-ilusão que estimulam a ignorância. O eu superior não é apenas imortal. Ele também é anônimo. Ele parece nada aos olhos do mundo externo. O *guerreiro* em nós é, na verdade, a energia de ação que reveste o eu superior quando ele está presente nos mundos concretos da consciência. Quando o guerreiro sábio se recolhe ao seu interior, volta a ser apenas um sábio. A sabedoria é silenciosa. Ainda quando o guerreiro age com força total, ele ao mesmo tempo observa serenamente os fatos. O guerreiro é um ser humano correto e rigoroso consigo mesmo. Imerso no mundo de ação, ele não só percebe os desejos sutis da sabedoria imperturbável que habita seu mundo interno, sua própria consciência – mas também obedece a eles espontaneamente e sem reservas.

Em **quinto lugar**, o guerreiro atua sem perder de vista a situação de repouso. Trava sua batalha com força, mas não esquece nem por um momento que cada esforço e cada enfrentamento fazem parte de um combate mais longo contra a sua própria ignorância e pelo estabelecimento de uma paz duradoura. Duas das maneiras mais comuns de um guerreiro perder-se na batalha são: 1) deixar-se levar pela pressa e pela agitação; 2) priorizar o combate aos erros alheios. Melhor que a pressa é meditar na paz interior. Melhor que combater coisas erradas é fazer coisas certas. *Luz no Caminho* ensina: "Mantém-te apartado da batalha que se aproxima e, embora

---

[3] *Luz no Caminho,* Mabel Collins, Editora Teosófica, 1999, 111 pp. Ver aforismos 13 e 16, nas pp. 42 e 44.

lutes, não sejas tu o guerreiro. Procura pelo guerreiro e deixa que ele lute em ti."[4]

Em **sexto lugar**, quem quiser buscar a sabedoria eterna deve manter esse propósito sempre claro e firme em sua consciência. Não é possível querer a sabedoria às dez horas da manhã e ter uma meta diametralmente oposta ao meio-dia ou à uma hora da tarde. O poder do pensamento cumpre um papel central em nossas vidas. O que pensamos determina nosso rumo e nossas possibilidades de êxito, mas um pensamento que não tem consistência cria situações que não levam a nada. O guerreiro mantém sempre presente em seu coração a meta final, que é um acesso irrestrito à paz interior. Se ele se distancia por um instante do seu objetivo estratégico, percebe em seguida a presença da derrota potencial. E isso o faz lembrar-se outra vez do que é decisivo.

Em **sétimo lugar**, o guerreiro evita fazer movimentos inúteis. Ao desistir gradualmente das metas secundárias que não contribuem para a meta principal, ele vai eliminando da sua vida o desperdício de energia. A diferença entre um ser totalmente sábio e alguém que começou há pouco a busca da sabedoria é que o sábio reduziu a zero o seu índice de desperdício de força vital, e quem começa a caminhada ainda dispersa e joga fora grande parte da sua energia. Meditar, por exemplo, é economizar energia. *Samadhi*, o êxtase dos místicos, é o estado em que a mente não joga energia fora através de sentimentos ou pensamentos de ordem pessoal. O guerreiro evita preocupações inúteis porque assim economiza forças. A arte da concentração mental e a disciplina da meditação são meios de driblar a tendência de jogar fora nossa energia vital na busca de metas dispersivas, ilusórias e contraditórias entre si.

---

[4] *Luz no Caminho*, obra citada, p.73.

O guerreiro que busca a verdade interior praticando os sete pontos anteriores faz da sua mente um instrumento brilhante e poderoso e o usa para eliminar implacavelmente as ilusões que o separam da verdade. Ele alcança a paz porque compreende estas palavras e medita nelas: "Dentro de ti está a luz do mundo – a única luz que pode ser projetada sobre o Caminho. Se fores incapaz de percebê-la dentro de ti, será inútil procurá-la em outra parte."[5]

---

5 *Luz no Caminho,* obra citada, pp. 41-42.

6

A Ação Impecável

O guerreiro sábio mantém o coração tranqüilo, a mente atenta e as emoções em ordem. Ele se movimenta impecavelmente em meio ao mundo externo. Em primeiro lugar, ele mantém a paz interior que é sua retaguarda estratégica e a fonte da sua clareza de visão. Em segundo lugar, sempre que possível, ele irradia ativamente essa paz para o mundo.

Ele sabe que a verdade universal está presente – como realidade ou, ao menos, como possibilidade – em cada coração humano, e que sua tarefa é estimulá-la. A paz da verdade, no entanto, não está presa ao mundo das aparências, e vivê-la requer o talento e o equilíbrio necessários para lidar com conflitos sem deixar-se levar por eles. Irradiar a paz da verdade é a ofensiva – tática ou estratégica – do lutador.

Isso nem sempre é fácil. Como todo mundo, o guerreiro enfrenta desafios. Ele vive em uma sociedade em que há provocações, agressões e mecanismos de dominação no plano individual e coletivo, nas várias esferas da vida. Ele deve estar preparado para agir com eficácia e equilíbrio impecáveis, sempre que o dualismo e a separatividade dominam determinada situação concreta.

O o o O

A definição estratégica inicial para situações de conflito é paradoxal: ela afirma que o ***inimigo estratégico*** é apenas a ignorância; e que o principal ***inimigo tático*** que o guerreiro sábio possui é a própria inimizade – a face mais agressiva da ignorância. Por que essa prioridade? Porque é o sentimento de inimizade que pode, eventualmente, ameaçar a retaguarda estratégica, eliminando por algum tempo a paz do coração do guerreiro.

Já os ***adversários táticos*** são os diversos padrões vibratórios em que a verdade e a sinceridade estão ausentes ou bloqueadas. Finalmente, o ***oponente***, isto é, a pessoa – ou as pessoas – cuja vontade está em choque direto conosco, é, na verdade, um ***instrutor*** e não um inimigo. Através do *oponente,* o *carma* realiza três funções fundamentais, ajudando o guerreiro em sua luta contra a ignorância:

1) Ele testa nossos possíveis pontos fracos, impedindo que nossa vitória seja prematura ou sem consistência;

2) Ele estimula a vigilância, a atenção e o desapego, características essenciais de um lutador vitorioso;

3) Ele faz com que aumente a nossa força de vontade, possibilitando-nos vencer o nosso esquema de indulgência e assim avançar mais rápido no caminho do aperfeiçoamento.

O *esquema de indulgência* – conceito criado por Carlos Castaneda – é o conjunto de explicações tranqüilizadoras pelas quais justificamos a preguiça e o acomodamento. É indispensável romper a inércia para poder avançar. O *oponente* tem a função de despertar nosso potencial maior, e também de derrotar-nos, se não merecermos a vitória. Mesmo que o oponente tenha muita má vontade em relação a nós, ele nos mostra que seremos perdedores enquanto não desenvolvermos nosso potencial adormecido. E isto nos força a crescer. O fato de que o oponente ou uma dificuldade qualquer possam destruir-nos é secundário. Viver é perigoso. Cada um deve definir o que é vitória, e o que é derrota, para si. A possibilidade da vitória – ter uma vida útil, por exemplo – anima o guerreiro. A possibilidade da derrota – ter uma vida inútil ou improdutiva – serve para fazê-lo despertar.

O *inimigo estratégico*, porém, é a ignorância, a fonte da inimizade, do rancor, da preguiça e dos outros sentimentos negativos capazes de desviar o guerreiro do seu caminho da verdade. A ignorância que vemos nos outros é na prática um reflexo da nossa própria ignorância, assim como a sabedoria alheia só pode ser percebida quando olhamos a vida do ponto de vista da sabedoria dentro de nós.

O ser humano olha o mundo e percebe cada ser vivo a partir do seu estado de consciência. Daí a necessidade de o guerreiro assumir a responsabilidade total sobre seus estados de ânimo, independentemente do que lhe ocorra externamente. O problema estratégico e tático que se coloca, então, é como agir em situações de conflito sem perder a paz interior. A seguir, algumas idéias básicas.

Em **primeiro lugar**, o guerreiro deve manter a impessoalidade que preserva a clareza. Anos atrás escrevi em um caderno de anotações: "Há uma vitória da ignorância cada vez que o homem sincero perde o controle e é levado pela raiva que o oponente plantou nele. Há pessoas que plantam o amor, e outras que plantam o ódio. Para essas últimas, devemos ser o solo de um deserto onde nenhuma semente germina". Mas não é só o rancor que ameaça a impessoalidade. A euforia, o sentimento de felicidade pessoal e a sensação de vitória são igualmente perigosas. Se não houver plena atenção, qualquer sentimento intenso pode destruir a impessoalidade e entregar todo o poder à ilusão.

Em **segundo lugar**, o guerreiro deve examinar com cuidado a *motivação do oponente* ou agressor e a porção de legitimidade que possa haver nela. O verdadeiro adversário, como vimos, não é o oponente, mas qualquer *padrão energético* que destrua a paz interior. Identificar honestamente a porção legítima da motivação do oponente pode encurtar, ou até evitar, o conflito.

Por outro lado, conhecer em profundidade a motivação do oponente sempre aumenta muito a eficácia do guerreiro. A *impessoalidade* deve garantir que esse exame seja *isento*.

Em **terceiro lugar**, é preciso identificar os mecanismos de manipulação e/ou hipnotismo que o *oponente* pode estar usando. Um desses mecanismos é o que eu chamo de *infiltração de premissas*, através da qual o oponente nos induz a considerar como verdade objetiva, por exemplo, o suposto fato de que ele detém todo o poder; de que a iniciativa tática pertence necessariamente a ele; de que nós temos uma vocação natural para a derrota; ou de que nós nascemos para a submissão e a rotina.

Nesse ponto, o constante reexame das premissas do nosso pensamento é fundamental. A eficácia do guerreiro depende de que a sua visão estratégica e tática tenha bases sólidas e que ele não aceite nada como *premissa inconsciente*. Ponto de partida de todo raciocínio ou avaliação, a premissa é essencial. O guerreiro identifica e rompe as redes de manipulação, hipnotismo, ilusão e falsas premissas existentes ao seu redor, e tem, nisso, um elemento essencial para a vitória.

Em **quarto lugar**, o guerreiro deve optar pela verdade e renovar essa opção. Um princípio essencial, sem o qual não há chance de vitória para ele, é não ser escravo de jogos de mentiras, e tampouco usá-los para seu proveito pessoal. Ao mentir, o guerreiro destrói seu próprio poder interior. Toda a força do guerreiro vem da sinceridade. Ser desonesto é deixar de ser guerreiro.

A meta e o método são inseparáveis. Se alguém formula uma meta nobre e usa meios que não têm a mesma substância da meta a ser alcançada, sua estratégia produz a própria derrota. Se a meta é não-violenta, os meios devem ser não-violentos. Se a meta é a verdade, os meios devem ser sinceros. Meios desonestos nos levam para um local feito de desonestidade – mesmo que não queiramos isso.

Em **quinto lugar**, ao mesmo tempo que atua de modo verdadeiro, o guerreiro sábio mantém aberto, a cada momento, um amplo leque de possibilidades de ação, e por isso seu próximo passo se torna imprevisível para o oponente. Cada instante da vida é um mistério de possibilidades infinitas, e o guerreiro sabe disso. Escrevi, no livro *O Poder da Sabedoria*:

"Guiado por uma vontade impessoal, o sábio avança, recua ou espera imóvel sem perder a paz por um segundo. Ele olha para o céu e fica satisfeito com quaisquer condições meteorológicas. Pode fluir, como o vento; lavar, como a chuva; dominar, como o relâmpago; ou aguardar, imperturbável como uma rocha".[1]

O guerreiro deve ter o poder, portanto, de ser imprevisível em certos aspectos das situações de curto prazo, enquanto sua atitude é invariavelmente ética e sincera. A imprevisibilidade do guerreiro se deve ao fato de que ele não está preso à aparente linearidade do tempo e dos acontecimentos, mas segue sua intuição e não é escravo do hábito ou dos lentos processos do raciocínio baseado no passado. As suas metas e métodos devem ser transparentes para todos: inclusive para os oponentes. Mas o mistério pode pairar sobre seus atos concretos e seu próximo passo talvez seja surpreendente. O oponente poderá ter dificuldade para entender ou prever suas ações, em geral escolhidas criativamente a cada

---

1 *O Poder da Sabedoria,* Carlos Cardoso Aveline, Editora Teosófica, 3ª edição, 2001, 191 pp. Ver p. 89.

momento entre dezenas de possibilidades. Firme no essencial, ele é imprevisível nos detalhes. Esse elemento imponderável da ação do guerreiro se deve ao fato de que ele confia em seu hemisfério cerebral direito, sede da intuição e da vontade impessoal. Balthazar Gracián escreveu:

"Se agir sempre de acordo com a primeira intenção, seu agir será previsível e frustrado. É fácil abater o pássaro que voa em linha reta, mas não aquele que altera seu vôo. (...) O jogador perfeito nunca move a peça que se espera, e muito menos a peça que seu adversário desejaria."[2]

Abordando a relativa imprevisibilidade dos líderes sábios, o *Wen-tzu*, obra taoísta clássica, destaca a importância de ações inovadoras:

"As táticas de surpresa implicam algo diferente. A calma é uma surpresa para o agitado, a ordem é uma surpresa para o confuso, o atendimento das necessidades é uma surpresa para o faminto, o descanso é uma surpresa para quem está exausto. Se você puder responder corretamente às situações (...), você poderá ter êxito em qualquer empreendimento."[3]

Em **sexto lugar**, o guerreiro sábio deve usar as situações de conflito inevitável não só para aprender sobre a vida, mas também para ensinar a outros, pela sua conduta, as lições que aquele desafio concreto pode transmitir. Qualquer conflito é, fundamentalmente, um episódio pedagógico que o guerreiro utiliza para duas tarefas simultâneas: aprender e ensinar a arte de viver. O guerreiro considera a vida toda, e cada um dos seus momentos, como processos de aprendizado. Ver a vida desse modo é o melhor antídoto contra as doenças do rancor, do orgulho e da frustração.

---

[2] *A Arte da Prudência,* de Baltazar Gracián, Ed. Martin Claret, SP, 2001, 151 pp., ver p. 31.

[3] *Wen-tzu, a Compreensão dos Mistérios,* de Lao-tzu, versão de Thomas Cleary, Ed. Teosófica, Brasília, 2002. Veja o penúltimo parágrafo do breve capítulo 180.

Em **sétimo lugar**, o conflito não pode bloquear a capacidade criativa. Devem ser criadas *áreas liberadas* em que funcione um novo *modo de produção* das energias humanas; um modo solidário de produção de energia vital e felicidade.

No plano coletivo, essa recomendação significa criar novos padrões de relações humanas, transparentes e confiáveis, tanto na família como no sindicato, no trabalho, na associação ou no clube. O guerreiro abre novos territórios mentais, culturais e sociais livres do rancor, da mentira, da inveja e dos sentimentos negativos.

Por outro lado, no plano individual, as *áreas liberadas* são os momentos de retiro, paz e introspecção, em que o guerreiro treina a si mesmo na arte de viver corretamente. Ele lê sobre coisas sagradas, ora, medita e pratica ações altruístas. Assim ele se prepara e se renova como um centro de paz para a vida ao seu redor.

Por outro lado, na criação de novas realidades estratégicas e táticas, o guerreiro sabe avançar gradualmente e sem pressa. O mestre Koothoomi destacou a importância desse princípio estratégico básico: "pouco adianta conquistar novas posições até que as que já foram alcançadas estejam seguras, e que os seus inimigos [oponentes] estejam perfeitamente conscientes do seu direito à posse delas." [4]

A eficácia dos pontos assinalados acima depende da intensidade e da perseverança com que eles sejam postos em prática. Para a filosofia esotérica, as várias dimensões das vidas individuais e coletivas de todos os seres estão interligadas o tempo todo. O guerreiro *sabe* desse fato e por isso age de modo impecável.

---

[4] *Cartas dos Mahatmas Para A. P. Sinnett,* transcritas por A. T. Barker, Ed. Teosófica, Brasília, 2001, ver Carta 01, vol. I, p. 40.

7

Vencer Antes do Combate

A tradição taoísta, como toda a sabedoria chinesa, dá prioridade aos aspectos práticos da vida. A sua maneira de expor as verdades universais é simples e direta. Há uma história com essas duas características que exemplifica o ensinamento taoísta a respeito da postura do guerreiro.

Certa vez, em Tchou, o sábio Ki Siao Tzu aceitou adestrar um galo de briga para o rei da região. Dez dias depois do começo do treinamento, o rei perguntou: "O galo está pronto para a briga?" Mas o treinador respondeu: "Ainda não. Ele está vaidoso e arrogante."

Doze dias depois, sentindo já uma ponta de ansiedade, o rei repetiu a mesma pergunta. "Impossível", insistiu o adestrador: "Ele ainda reage a cada sombra e a cada ruído".

Passaram-se mais duas semanas. O rei chamou Ki Siao Tzu à sua presença e, mal disfarçando a sua insatisfação com a demora, pediu novamente notícias do galo. "Nada, ainda", disse o adestrador. "Ainda está com o olhar muito irritado e um ar de triunfo."

Finalmente, dez dias depois, o rei, mais calmo, perguntou pelo galo. Esta vez, Ki Siao Tzu respondeu: "Ele está quase pronto. Quando os outros galos cantam, isso não o incomoda em nada. Quando se olha para ele, fica indiferente como se fosse feito de madeira. Sua força interior é perfeita."

A esta altura, os outros galos já não ousavam aproximar-se dele. Pelo contrário, desviavam-se e iam embora.

O o o O

A história acima é atribuída a Lie-Tzu, um dos mestres do taoísmo[1], e pode ser aplicada à arte da estratégia. Ela ilustra bem as qualidades requeridas para lidar com os conflitos segundo a filosofia oriental. De fato, quem não sabe lutar busca o conflito. Quem sabe lutar evita o conflito e prefere a paz. O mesmo princípio vale para demonstrações de força de qualquer tipo. O cidadão inexperiente procura mostrar aos outros a força que possui. O tolo, por sua vez, procura aparentar uma força que não tem. Já o guerreiro sábio ignora as demonstrações externas e apenas corta seus próprios hábitos de desperdício, deixando que sua força interior cresça. "Quem vence os outros é forte. Quem vence a si mesmo é poderoso", ensina o *Tao Te King*.[2] O clássico *A Arte da Guerra*, de Sun Tzu, afirma: "É melhor vencer sem lutar."

Na obra *Wen-tzu*, um clássico do taoísmo filosófico, o instrutor Lao-tzu coloca a sabedoria em poucas palavras:

"O fato de você avançar pelo Caminho torna as outras pessoas incapazes de feri-lo, independentemente da audácia com que apunhalarem você, e incapazes de atingi-lo, independentemente da habilidade com que golpearem. Mas, na verdade, estar imune a punhaladas e golpes ainda é um obstáculo; não é tão bom quanto fazer com que as pessoas não ousem apunhalar você, independentemente de quão audazes possam ser, e nem ousem golpear você, independentemente

---

1 Veja *Os Mestres do Tao*, de Henry Normand, Ed. Pensamento, SP, p. 99.

2 *Tao Te King*, de Lao-tzu, texto e comentário de Richard Wilhelm, Ed. Pensamento, SP, 206 pp., ver capítulo XXXIII, p. 69.

de quão hábeis elas são. Porém, não ousar não significa que não haja tal intenção e, na realidade, é ainda melhor que não haja a intenção."[3]

Liu Ji, nascido em 1311 d.C., escreveu o seguinte a respeito da estratégia militar: "Mesmo que a Terra esteja em paz, o esquecimento da possibilidade da guerra leva ao colapso". A idéia é válida tanto para o contexto político-militar como para as relações entre as pessoas. Estar consciente da possibilidade da desarmonia permite preservar a paz. Outra regra: "Seja impassível como uma montanha." Mas, ao mesmo tempo: "Esteja preparado e não terá problemas."[4]

O *Tao Te King* ensina: "Os grandes guerreiros antigos eram sutis, misteriosamente poderosos, e tão profundamente, que eram desconhecidos. E apenas porque são desconhecidos, vou tentar aqui descrevê-los. Sua atenção era a de quem cruza um rio no inverno, seu cuidado era o de quem teme tudo ao seu redor; sua seriedade era a de um hóspede, seu descanso era o do gelo no ponto de derreter-se. Simples como madeira não esculpida, abertos como os vales, eram inescrutáveis como o pântano."[5]

A paciência é companheira da suprema força. O fraco quer parecer forte. O forte não cai em provocações. Quem sabe não fala demais. Quem fala demais, não sabe. O guerreiro sábio geralmente vence antes da luta, em uma batalha sem derrotados.

---

[3] *Wen-tzu, A Compreensão dos Mistérios,* de Lao-tzu, versão de Thomas Cleary, Ed. Teosófica, 2002. Veja os primeiros parágrafos do capítulo 73.

[4] *O Conhecimento da Arte da Guerra,* obra compilada e editada por Thomas Cleary, Editora Gente, SP, 131 pp., ver p. 63.

[5] Do capítulo XV do *Tao Te King*, de Lao-tzu, segundo a obra *O Essencial do Tao,* coletânea organizada por Thomas Cleary, Editora Best Seiler/Círculo do Livro, SP, 192 pp. Ver p. 35.

8

A Felicidade em Plena Ação

O segredo da vida espiritual está na conduta, porque o melhor critério da verdade é a prática. Alguém isolado, que lê ou medita sem ninguém por perto e nada por fazer, é facilmente assaltado por fantasias de importância pessoal e vários outros tipos de ilusão. É cumprindo as nossas obrigações sem esperar nada em troca que testamos, de fato, a nossa espiritualidade.

Meditação, estudo, auto-observação e trabalho altruísta são quatro aspectos essenciais da busca espiritual. O trabalho não é o menos importante deles, e o motivo disso é simples. Ele nos permite viver aqui e agora no cumprimento do dever, sem sonhos de grandeza nem decepções ou amarguras, mas com o prazer de alcançar a consciência da paz através da decisão de fazer o melhor que podemos.

Os chineses diziam, com razão, que uma imagem vale por dez mil palavras. Mas é preciso acrescentar: um só gesto prático, livre de egoísmo, é mais poderoso do que dez mil imagens. Outro provérbio da sabedoria oriental afirma, com ironia: "É fácil acreditar na lei divina, difícil é agir de acordo com ela." Todos podemos saber sem esforço o que é Ioga, por exemplo, mas só com uma decisão firme podemos percorrer os caminhos que ela abre diante de nós.

OooO

O objetivo da Ioga é a integração da nossa consciência com o nosso eu mais profundo e com a lei universal. Essa integração não só é possível como constitui o objetivo mais elevado e estimulante da vida de qualquer ser humano. Há várias Iogas ou técnicas para atingir essa unidade consciente com o todo: elas usam como seus pontos de apoio a devoção, o conhecimento, a ginástica meditativa, a renúncia às ilusões e a ação correta. A Carma Ioga ensina a deixar de fazer o mal e a fazer sempre o bem.

A Ioga da ação parte do fato de que tudo no universo é movimento. Desde o menor átomo do corpo físico de um ser humano, até o maior super-enxame de galáxias (cada uma com milhões de estrelas), tudo no universo é feito de movimento e ação, e qualquer imobilidade é relativa. Podemos dizer, por exemplo, que alguém está imóvel. Mas seu coração bate, seu sangue circula, os pulmões se movimentam, novos pensamentos são produzidos, seus sentimentos estão ativos, milhares de reações químicas ocorrem em seu organismo, e seu corpo, junto com todo o planeta, se movimenta em torno do eixo da Terra e em torno do Sol.

Não há, pois, como não agir. A palavra sânscrita *Carma* significa ação, mas inclui tanto suas causas como seus efeitos. Um grande instrutor já definiu a busca espiritual como "o estudo das causas por suas conseqüências e das conseqüências por suas causas". A tradição popular diz que *carma é a lei da ação e da reação*. A chave para obter a liberdade espiritual está, pois, em nossa conduta, e a função da Carma Ioga é nos dar força e sabedoria para girar corretamente a chave de nossas ações. O desafio é mais complexo do que parece a princípio. São Paulo escreveu:

"Querer o bem está ao meu alcance, mas não consigo praticá-lo. Na verdade, não faço o bem que quero, mas pratico o mal que não quero" (Romanos VII: 18-19). A verdade é que o ser humano evolui errando, observando os erros e corrigindo-os. De qualquer modo, a tradição hindu aborda muito bem a questão colocada por São Paulo. O discípulo Arjuna pergunta ao mestre Krishna em um dos diálogos do *Bhagavad Gita*:

"Que força misteriosa é essa que parece obrigar o homem a praticar um mal até contra sua própria vontade?" E o Mestre responde:

"Essa tentação é a essência dos desejos que o homem acumulou em si. (...) O desejo impede o verdadeiro saber; ele é como um fogo devorador, difícil de extinguir-se."[1]

Depois, Krishna acrescenta:

"Que o motivo de tuas ações e de teus pensamentos seja sempre o cumprimento do dever. Faze tua tarefa sem buscar recompensa, sem preocupações com teu sucesso ou insucesso, com teu ganho ou prejuízo pessoal. Mas não caias na ociosidade e na inação, como acontece facilmente aos que perderam a ilusão de obter recompensa por suas ações."[2]

A questão da *busca de recompensa* é central. Pela lei do carma, a recompensa por uma boa ação e uma atitude correta diante da vida nunca falha. Mas ela não vem na hora, nem na forma que podemos esperar. O mais paradoxal e difícil de compreender é que uma ação só é merecedora de uma recompensa elevada quando a fazemos sem esperar nada em

---

[1] *Bhagavad Gita,* Ed. Pensamento, São Paulo, tradução de Francisco Valdomiro Lorens. Ver aforismos 36 e 37, capítulo III.

[2] *Bhagavad Gita,* obra citada, aforismo 47, capítulo II.

troca. Para entender isso, é preciso saltar fora da lógica comum e olhar as coisas do ponto de vista do coração. Jesus disse: "Busca o reino dos céus e o resto te será dado por acréscimo". A recompensa cármica só virá quando agirmos corretamente sem pensar nela. O milagre da criatividade humana ocorre assim. Só conseguimos ser realmente criativos diante de algo quando esquecemos as recompensas, cobranças e expectativas, e vivemos *aqui e agora*.

Um dos melhores tratados sobre a ciência mística, *Luz no Caminho*, ensina que devemos matar a ambição e ao mesmo tempo trabalhar como os que são ambiciosos. Assim, podemos trabalhar intensamente sem que nossa visão de mundo seja distorcida por ambições pessoais. É o desejo que nos dificulta olhar o mundo como ele é. A única maneira de progredir é cumprir os nossos deveres e ir acumulando forças até alcançar níveis cada vez mais altos. Swami Vivekananda escreveu: "O trabalhador que pensa nos resultados se queixa do dever que lhe coube pelo destino. Mas para o trabalhador livre da expectativa de resultados todos os deveres são igualmente bons e constituem instrumentos eficazes para destruir o egoísmo."[3]

Vivekananda conta que um sábio indiano – um dos homens mais extraordinários que conheceu – nunca ensinava diretamente a alguém. "Se você perguntar algo, ele não responderá, porque não aceita assumir a atitude de professor. Mas se você fizer uma pergunta e esperar alguns dias, ele abordará o assunto durante uma conversa aparentemente casual e transmitirá ensinamentos maravilhosos a respeito", escreve Vivekananda. "Ele me disse uma vez que o segredo do trabalho é *a unidade entre o fim e os meios*. Quando você estiver fazendo uma tarefa qualquer, não pense em mais nada.

---

[3] *Karma Yoga, The Yoga of Action,* Swami Vivekananda, Advaita Ashrama, Calcutá, p. 64

Faça-a como se fosse a coisa mais sagrada que existe, e dedique sua vida inteira a ela enquanto a estiver fazendo."[4]

O que Vivekananda quer dizer é que nós somos os meios do cumprimento do dever – da lei espiritual – e devemos estar totalmente unidos à nossa meta.

Meditar, dirigir um carro, preparar a comida, ler, trabalhar, correr no parque: cada gesto cotidiano é parte do nosso dever, na ótica da Ioga da ação. Os sentidos nos dão as sensações de calor e de frio, prazer e dor. Essas mudanças pertencem ao que é temporário e impermanente. Aquele que se mantém inabalável no meio do prazer e da dor é capaz de avançar no caminho do guerreiro sábio. O imperador romano Marco Aurélio resumiu em um único parágrafo das suas *Meditações* um verdadeiro tratado sobre a atitude do homem de ação diante dos outros, quando ele compreendeu a sabedoria eterna:

"De manhã cedo, diz para ti mesmo; 'Encontrarei um indiscreto, um ingrato, um arrogante, um trapaceiro, um invejoso, um egoísta. Tudo isso lhes vem da ignorância do bem e do mal. Mas eu, tendo reconhecido que a natureza do bem é a virtude e a do mal é o vício, e que o pecador é por natureza meu parente, não do mesmo sangue ou semente mas pela inteligência, e por participar de uma parcela da divindade, não posso sequer me considerar ofendido por qualquer deles; nenhum deles me contaminaria com o vício; não posso tampouco irritar-me contra meu parente nem odiá-lo, pois somos feitos para cooperar, como os pés, como as mãos, como as pálpebras, como as fileiras de cima e de baixo dos dentes. Agir como adversário é, então, agir contra a natureza; e é ser adversário irritar-se com os outros, e evitá-los.' "[5]

---

4 *Karma Yoga*, obra citada, p. 63.

5 *Meditações*, Marco Aurélio, tradução de Mário Kuri, Ediouro, Rio de Janeiro. Ver p. 30.

Marco Aurélio também aborda as oportunidades. Seja qual for o trabalho diante de nós, ele nos traz uma possibilidade de crescimento interno. Muitas vezes perdemos grandes chances por falta de atenção e maturidade interior. "Pensa firmemente a cada instante", escreveu Marco Aurélio, "em fazer o que estiver em tuas mãos com uma seriedade total e sincera, com sentimento, independência e justiça; e trata de livrar-te de todas as outras preocupações. Poderás livrar-te delas se praticares cada ação ao longo da vida como se fosse a última, evitando a negligência, a irracionalidade, a hipocrisia, o egoísmo e o inconformismo diante do que te foi destinado.(...) Se contrariares tua própria natureza, não terás mais oportunidade de honrar a ti mesmo."[6]

Aquele que fica impaciente à espera de oportunidades é, muitas vezes, o menos preparado para aproveitá-las quando aparecem. Antes de buscar por novas situações, devemos perguntar-nos se já aproveitamos todo o potencial do que está diante de nós agora. A resposta dificilmente será afirmativa, porque o potencial de cada momento é infinito. De qualquer modo, cada vez que as nossas limitações externas são maiores do que devem, nossos horizontes se ampliam inevitavelmente, no mínimo porque aprendemos a olhar a vida com mais profundidade.

No século 21, estamos vivendo o final da era da ansiedade. E a lei do carma tem algo a dizer sobre a obtenção da paz e da plenitude, depois de tantos sofrimentos. Há uma frase de Helena Blavatsky que resume o ensinamento: "Antes de desejar, faça por merecer". Se você faz por merecer, não tem de perder tempo ou energia desejando, porque sabe que a justiça será feita, de uma ou de outra maneira. E poderá concentrar toda sua energia vital em agir corretamente.

---

6 *Meditações*, obra citada, p. 31.

Muitas vezes aquele que busca ajudar o mundo cai vítima de um orgulho narcisístico. Apaixonado por seu trabalho, pensa que faz coisas de rara importância, e que o mundo inteiro, ignorante, é que não sabe reconhecer seu valor. Mas talvez o mundo nem precise muito da nossa ajuda, porque vai seguir de qualquer modo sua marcha evolutiva no caminho do bem, ao longo dos milênios. Nós é que somos os primeiros beneficiados quando buscamos o bem dos outros.

O altruísmo é conseqüência natural da percepção da unidade de todos os seres. O chefe indígena Seattle escreveu em 1854 ao presidente norte-americano, em um documento que é uma das mais belas defesas do meio ambiente:

"Que é o homem sem os animais? Se todos os animais se fossem, os homens morreriam de uma grande solidão de espírito. Pois o que ocorre com os animais breve ocorre com o homem. Há uma ligação em tudo."

Mais adiante, o texto dos índios dominados pelo homem branco retoma sua reflexão sobre o carma:

"Ensinem às suas crianças o que ensinamos às nossas crianças: que a terra é nossa mãe. Tudo o que ocorrer com a Terra ocorrerá com os filhos da Terra. Se os homens desprezam o solo, estão desprezando a si mesmos... A Terra não pertence ao homem, é o homem que pertence à Terra."[7]

Assim, o egoísmo não é propriamente maldade, mas ignorância da lei do carma, que nos ensina a justiça e a fraternidade. Quando uma pessoa compreende de fato como a lei do carma funciona, passa a agir com os outros como gostaria que agissem consigo, isto é, fraterna e respeitosamente. Porque sabe que colherá o que está plantando.

Como optar em todas as situações da vida pelas ações corretas? Com a prática da auto-observação, estudando as relações de causa e efeito, identificamos as ações

---

7 *Preservação do Meio Ambiente – Manifesto do Chefe Seattle ao Presidente dos EUA*, Ed. Interação, Fundação SOS Mata Atlântica, São Paulo, tradução de Magda K. Costa, 1989, pp. 21 a 23.

que nos aproximam e as que nos afastam da nossa meta. O desenvolvimento da vontade espiritual nos dá energia e coerência. Assim assumimos o comando consciente do nosso próprio destino. Além disso, alcançamos a felicidade. Essa pode ser a nossa melhor contribuição para acelerar o nascimento de uma nova era em que os seres humanos finalmente reconhecerão a existência da lei da fraternidade universal – e colaborarão espontaneamente com ela.

Parte Dois

O Caminho do Autoconhecimento

Quem conhece os outros é inteligente.
Quem conhece a si mesmo é sábio.

***Tao Te King,* de Lao-tzu[1]**

[1] Na versão de Richard Wilhelm, Ed. Pensamento, SP. Ver capítulo XXXIII, p. 69.

9

A Questão da Integridade

Na Grécia antiga, o oráculo de Delfos aconselhava: "Conhece a ti mesmo." Mas o que é conhecer a si mesmo? Ramana Maharshi, um dos grandes sábios indianos do século 20, construiu sua filosofia em torno da pergunta: "Quem sou eu?" Ele ensinava as pessoas a se livrarem de tudo o que não é eterno e verdadeiro em seus "eus" e suas vidas.

O verdadeiro autoconhecimento – tema da Parte Dois desse livro – não consiste em saber de memória o número do meu CPF. O verdadeiro autoconhecimento é o conhecimento da minha alma eterna por parte do meu eu inferior e passageiro. É o conhecimento do que é duradouro pelo que é transitório; do essencial pelo periférico; é a compreensão da lei eterna pelo indivíduo humano.

Nesse processo o que é transitório se torna duradouro, o que é periférico se torna essencial, o que é involuntário se torna voluntário, e o foco de luz da consciência se transfere das camadas externas do nosso eu para aqueles níveis imponderáveis da consciência. Neles o "eu" inclui os outros, o "aqui" inclui todos os lugares, e o "agora" é capaz de expressar todos os tempos.

Podemos dizer que o autoconhecimento é o conhecimento do universo, porque o homem, um microcosmo, é um resumo do universo que o rodeia. O todo está contido em cada uma das suas partes. Cada pequeno átomo é uma miniatura do sistema solar. Assim é no céu como na terra, e o grande é como o pequeno. Quando o ser humano expande o seu conhecimento em direção às galáxias, está em busca do autoconhecimento. E quando mergulhamos em meditação, em nosso interior, descobrimos o princípio supremo do universo. Sempre que há algo em movimento, esse princípio funciona como a lei única, a lei do carma ou da harmonia, do equilíbrio, da justiça. A Lei é o aspecto dinâmico do princípio supremo imponderável.

OooO

A vida dos sábios nem sempre é fácil. Em certa ocasião o senhor Buda estava alojado na cidade de Kausambi. Um homem poderoso do local sentia ódio pelo Mestre e subornava pessoas sem caráter para fazer circular falsas histórias sobre ele. Naquele tempo, era costume os monges mendigarem para obter comida. Devido à maledicência, os discípulos de Buda quase não conseguiam apoio, e eram hostilizados ao caminhar pela cidade.

Ananda, um dos discípulos mais adiantados, disse então ao Mestre:

"Deveríamos sair de uma cidade como esta. Há outras cidades melhores. Por que não seguir viagem?"

O Buda Sakiamuni retrucou:

"E o que faremos se na próxima cidade formos tratados da mesma maneira?"

"Então procuraremos outro local", respondeu Ananda.

"Não, isso não terminaria nunca", disse o Mestre. "Devemos ficar aqui e suportar as agressões pacientemente, até que elas cessem. Quando isso ocorrer, iremos para outra cidade. E vou dizer por quê. Há ganhos e perdas, homenagens e maledicências, elogios e agressões, prazer e dor, neste mundo; mas o iluminado não se deixa controlar por essas coisas externas. Elas cessam com a mesma facilidade com que surgem."[1]

Seguir o caminho correto, sem concessões ao jogo das aparências, desperta inveja. Na verdade, não são apenas as coisas materiais que estimulam inveja. A ética e a confiança no que é correto também irritam e ofendem aqueles que ainda não encontraram a luz em seus próprios corações. Por isso é mais fácil receber pedradas do que aplausos, quando se começa a trilhar o caminho espiritual, e os místicos cristãos têm razão ao identificar o caminho do aperfeiçoamento interior com o "caminho da cruz".

Para chegar à sabedoria eterna é preciso merecê-la, porque a lei do carma não dá folga a ninguém. Para merecer a sabedoria é necessário renunciar, ou sacrificar, ou transcender (cada um usa a palavra que prefere) tudo o que é pessoal. É preciso vencer toda tendência de fugir da dor e de apegar-se cegamente ao prazer. E isso não é fácil. A regra de ouro da sabedoria pitagórica e cristã manda o buscador da verdade amar o outro como a si mesmo. E não há nisso nenhum sentimentalismo ingênuo ou utópico. A regra apenas aponta – muito objetivamente – para a porta estreita que leva ao mistério da sabedoria imortal. Milhares passaram por essa porta. No devido tempo, todos os seres humanos passarão por ela. O altruísmo é o único acesso à felicidade.

No *Tripitaka,* o grande cânone das escrituras budistas, há um volume intitulado *Sutra Sobre os Preceitos do Upasaka*

[1] *The Teaching of Buddha,* Bukkyo Dendo Kyokai, Tóquio, Japão, 1966, pp. 122-123.

(ou seja, *Tratado Sobre os Preceitos do Discípulo*).[2] Ali o Buda fala das seis perfeições que levam à sabedoria imortal: altruísmo, moralidade, persistência, concentração, meditação e sabedoria. Há, nas várias religiões, diversas listas de virtudes espirituais a serem desenvolvidas no caminho místico. Os nomes das virtudes podem variar, mas elas não andam isoladas. São Francisco de Assis escreveu que as virtudes têm o costume de andar sempre em grupo, como se fossem bandos de pássaros, apoiando umas às outras e evitando o excesso nesta ou naquela direção. A prudência tempera a coragem, a moderação e o bom senso completam a generosidade e assim por diante. Penso que cada um de nós deveria fazer uma lista específica de qualidades positivas que o aproximam mais diretamente da verdade e da luz eterna.

No *Sutra dos Preceitos,* Buda afirma que há três tipos de iluminação, e que elas dependem do mecanismo pelo qual o praticante as alcança[3]. A primeira é a iluminação do *shrávaka,* que se dá pela audição e pela leitura. É a mais superficial. A segunda é a iluminação do *pratieka-buda,* que se alcança pela reflexão meditativa. A terceira iluminação, a mais profunda, é alcançada pela prática do ensinamento. Essa é a iluminação do Buda, em que o buscador da sabedoria transmuta gradualmente todo o seu ser em um processo alquímico irreversível e incondicional, que não depende de ventos favoráveis ou desfavoráveis.

A iluminação pela prática do ensinamento é, de certa forma, a única verdadeira. Não há motivo para não começarmos por ela a nossa caminhada espiritual. O desafio é colocarmos um fio de coerência unindo pensamentos, sentimentos e ações. Ao fazermos isso, surge a luz da sabedoria.

---

2 *The Sutra on the Upasaka Precepts,* BDK English Tripitaka, Numata Center for Buddhist Translation, EUA, 1994, pp. 97 a 104.

3 *The Sutra on the Upasaka Precepts,* obra citada, pp. 25-26.

Esse caminho é simples e profundo. Já está presente de certo modo na sabedoria popular brasileira, que ensina há séculos: "é fazendo que se aprende". Assim como a força de uma corrente é igual à resistência do seu elo mais fraco, a força espiritual de cada pessoa é igual à presença média de verdade e sinceridade que há em tudo o que ela pensa, sente e faz. A integridade é essencial. Ninguém pode ter duas caras diante da lei do carma ou da verdade universal.

10

Uma Carona Impossível

"Credulidade gera credulidade e acaba em hipocrisia", escreveu o Mahatma Koothoomi, um dos mestres de Raja Ioga que orientaram o trabalho de Helena Blavatsky, no século 19. Ele acrescentou que os dirigentes de um movimento espiritualista moderno "devem deixar de lado suas frágeis predileções pelas formas e cerimônias de qualquer credo particular, e demonstrar que são verdadeiros teosofistas, tanto no pensamento interno quando no comportamento externo".[1]

O conselho se aplica a todos que desejam conhecer a verdade. O ser humano tem um certo medo do desconhecido, e busca rotinas e certezas como material básico para construir um refúgio estável. Isso é compreensível. Afinal, procurar valores e pontos de referência firmes para estabelecer uma estratégia coerente de vida é um direito, e até um dever, de todo cidadão. Porém, dois obstáculos costumam aparecer.

---

[1] *Cartas dos Mestres de Sabedoria,* transcritas por C. Jinarajadasa, Ed. Teosófica, Brasília, 1996, 295 pp., ver carta 46, primeira série, pp. 106-107.

Um deles é a preguiça mental. O outro é a ansiedade. Alimentada por esses dois extremos, surge a credulidade. Então o cidadão quer que alguém lhe diga o que pensar. Nesse momento, ele deixa de ser racional e passa a repetir mecanicamente coisas que ouviu ou leu.

O hábito da crença cega forma, por sua vez, um outro jogo de extremos com a hipocrisia e o ceticismo. Para se defender da sua própria ingenuidade, o cidadão apela às vezes para a postura do cético que não viu e não gostou, que não conhece e não acredita. O mais grave é a hipocrisia. Ela ocorre quando o indivíduo é interiormente cético, mas continua se comportando externamente como se fosse crédulo.

O ceticismo é, na verdade, apenas a versão negativa da credulidade. As duas atitudes têm algo essencial em comum: elas negam a investigação direta e independente da realidade. Entre esses dois extremos igualmente cegos abre-se o caminho correto da busca não-dogmática, experimental e vivencial da verdade. É nesse caminho transparente, onde erros e acertos são aceitos com naturalidade, que surgem, segundo a filosofia esotérica, as qualidades necessárias para o aprendizado duradouro: *viveka,* discernimento; *vairagya,* desapego; *shama,* controle da mente; *uparati,* tolerância; *titiksha,* contentamento; *shamadana,* total dedicação; *shradha,* confiança; e *mumukshatva,* desejo de libertação espiritual e de união com todos os seres.

OooO

Jiddu Krishnamurti escreveu em um pequeno texto conhecido como o resumo do seu ensinamento: "A verdade é uma terra sem caminhos. O homem não pode chegar a ela através de uma organização, através de nenhum credo, de nenhum dogma, sacerdote ou ritual, nem através de nenhum conhecimento filosófico ou técnica psicológica. Ele tem de alcançá-la através do espelho do relacionamento, através da compreensão do conteúdo da sua própria mente, através da observação e não da análise intelectual ou dissecção introspectiva."[2]

Penso que na maior parte dos casos as atividades filosóficas e religiosas voltadas para o bem são úteis. Ao mesmo tempo, nenhuma delas é garantia suficiente de que estamos no bom caminho. Tudo depende do que nós fazemos com o material que está à nossa disposição.

Por isso Gautama Buda ensinou que o buscador da verdade não deve acreditar em algo apenas porque está nas Escrituras, nem porque todos ao seu redor dizem que é verdade, nem porque seu instrutor ou guru diz isso. O caminhante espiritual deve acreditar apenas naquilo que passa por sua própria percepção.[3] A função das escrituras, do diálogo com os outros e do instrutor é colocar ao alcance do caminhante elementos para que ele próprio perceba a realidade, ao invés de sair repetindo palavras que não compreende ou ensinando coisas que não aprendeu de fato.

No primeiro estágio da busca espiritual, temos curiosidade. Queremos saber coisas secretas. Desejamos descobrir onde está o conhecimento e absorvê-lo de imediato. A verdadeira busca começa quando vamos além da mera curiosidade. Então percebemos que jogos de faz-de-conta, fascinações com objetos supostamente mágicos, imitação, novidades, amuletos e apego a cerimônias e rituais (individuais ou coletivos) não podem substituir o duro trabalho de autotransformação, de compreensão dos nossos erros e ativação do nosso potencial para o bem. Quando o auto-aperfeiçoamento surge como um compromisso sério com sua própria alma imortal, o

---

[2] *Krishnamurti: The Years of Fulfilment,* de Mary Lutyens, Ed. Farrar, Straus & Giroux, 1983, 248 pp., ver p. 204.

[3] *The Wisdom of Buddhism,* coletânea editada por Christmas Humphreys, Ed. Curson-Humanities, Londres, Grã Bretanha, 1987, 280 pp., ver p. 71.

indivíduo passa a procurar dentro de si aquilo que jamais descobrirá no mundo exterior: paz, felicidade, plenitude.

Do ponto de vista individual e prático, a questão tem algumas variantes específicas.

Em primeiro lugar, caso não haja paz dentro do indivíduo e exista paz fora, ele não dará valor à harmonia externa. Ele a chamará, inclusive, de "vida chata" ou "monotonia". Esse é um sintoma de falta de desafios em sua vida. Nesse caso, "paz" é sinônimo de marasmo. É claro que todos nós precisamos de um equilíbrio saudável entre estabilidade e transcendência. Há tipos construtivos e destrutivos de estabilidade, e também de transcendência. A questão é combinar com sabedoria essas duas necessidades da vida.

Em segundo lugar, se não houver paz nem dentro nem fora do cidadão, ele deve renunciar generosamente aos conflitos internos e externos a que está habituado, deixando de realimentar problemas e de se apegar àquilo que o torna infeliz. Toda paz é uma questão fundamentalmente interior. Do lado de fora, devemos ter uma vida útil, fazer esforço, trabalhar calmamente por um mundo melhor. Mas interiormente temos de abrir mão todos os dias dos conflitos e das angústias.

A terceira possibilidade é a hipótese mais favorável. Quando há paz no coração do indivíduo e também no mundo ao seu redor, ele deve praticar o desapego e lembrar que tudo está sempre em transformação. Deve estar preparado para enfrentar mudanças. É certo que "depois da tempestade vem a bonança", como diz o ditado popular. Mas depois da bonança também vem uma tempestade, assim como depois do repouso sempre há um desafio.

O caminho verdadeiramente espiritual não é uma estrada cheia de novas aquisições mentais e emocionais. É uma senda estreita e perigosa. Nela vamos aprendendo a deixar de lado tudo o que é supérfluo. Os desafios do aprendizado nos ensinam a abandonar medos, cobiças, ambições, vaidades, preferências pessoais e outras bagagens psicológicas desnecessárias. No pequeno livro *Imitação de Cristo*, de Tomás de Kempis, que constitui nas suas três primeiras partes um bom tratado sobre a vida espiritual, há uma constatação realista:

"Jesus encontra agora muitos apreciadores do seu reino celestial; mas poucos que queiram levar a sua cruz."[4] O que simboliza, aqui, a idéia da cruz? Significa parar de fugir da dor e compreender o motivo do sofrimento, que é a ignorância espiritual. Todos querem alcançar o êxtase e a bem-aventurança espiritual, mas quantos estão dispostos a fazer o seu dever-de-casa? Por outro lado, a tarefa inclui também viver nossas vitórias humildemente, sem apego ou orgulho, e reconhecendo que vitórias e derrotas não existem, ou pelo menos não têm importância decisiva. É preciso, isto sim, saber três coisas: se estamos atentos, se somos fiéis ao Espírito que mora em nosso coração, e se trazemos um pouco de luz e de ética ao mundo ao nosso redor.

Em um mundo agitado como o atual, é mais necessário do que nunca perceber que tudo está em paz. Um milhão de anos atrás, nosso sistema solar já participava harmoniosamente da música das esferas em nossa galáxia. Não há alteração de planos para o próximo milhão de anos. Nossas almas irão continuar evoluindo em direção a uma glória sem limites. Neste século 21, já podemos viver como cidadãos conscientes do cosmo. Mas é verdade que isso traz uma certa morte: o velho tipo de cidadão, crédulo em relação a certas coisas e cético em relação a todas as demais, desaparece para dar lugar a uma nova maneira, mais confiante e menos ingênua, de olhar o mundo.

---

4 *Imitação de Cristo*, Tomás de Kempis, Ed. Vozes, 1993, p. 87.

11

A Psicanálise das Religiões

O caminho da independência e da investigação pessoal exige do buscador a coragem de enfrentar a solidão. Ele se liberta em grande parte da preguiça mental e do dogmatismo, mas tem que pagar um preço por isso, como todo aquele que abre seu próprio caminho. Quando aprofunda a sua visão crítica sobre as tentativas de viajar de carona pelo caminho espiritual, o estudante encontra um ponto de apoio e um reforço desafiador na obra de Sigmund Freud e na análise que ele faz sobre as formas convencionais de religião.

A análise crítica das religiões é inevitável: se mesmo depois de vários milênios de civilizações tão religiosas ainda existe tamanha dor no mundo, é porque há algo profundamente errado nas nossas religiões.

De fato, uma coisa é o mundo divino, e outra – bem diferente – é a idéia imperfeita que fazemos dele. Tudo o que pensamos de Deus foi feito à imagem do homem. A divindade é um espelho em que projetamos não só nossas esperanças e sentimentos nobres, mas também nossa ignorância – e isso tanto individual como coletivamente.

Basta olhar a história humana dos últimos 2000 anos para reconhecer uma quantidade imensa de crueldades, loucuras, guerras e massacres que foram abençoados e incentivados por altos sacerdotes em nome de Deus, Allah, Jeová, dos deuses do hinduísmo e assim por diante. A fé em Deus tem servido de álibi e justificativa para alguns dos piores crimes da história da humanidade. Diante disso, é recomendável observar nossas religiões do ponto de vista daquele velho cientista e sábio que inventou a psicanálise na primeira metade do século 20, com o objetivo de compreender o sofrimento humano.

O o o O

A boa psicologia, como a boa tradição esotérica, nos convida a assumir nossa responsabilidade diante da vida, abandonando o mau hábito de atribuir nossos erros à "vontade de Deus". Se quisermos abrir espaço para a religiosidade dos novos tempos, que se apóia na liberdade de pensamento, devemos reexaminar o lado difícil e sombrio da religiosidade autoritária herdada por nós dos tempos antigos. Uma relação diferente com o mundo divino – livre de dogmas e aberta para a mudança – poderá conduzir-nos sem perda de tempo a uma nova era de solidariedade entre todos os seres. No entanto, será preciso uma certa dose de persistência. Porque a verdade incomoda, subverte. Ela questiona nossas rotinas mentais e mostra coisas que preferiríamos ignorar.

Todos sabem, por exemplo, que o povo brasileiro é profundamente místico e cristão. Já em 1500 os portugueses chegaram aqui precisamente em nome da salvação dos indígenas para o reino de Deus. Pero Vaz de Caminha escreveu, em sua famosa "Carta do Achamento", que o melhor proveito a ser tirado destas terras da "Vera Cruz" seria a salvação das almas dos seus primeiros habitantes. Mas essa bela piedade cristã era usada para encobrir com palavras generosas – como um verniz – as verdadeiras finalidades geopolíticas, estratégicas e econômicas do reino lusitano. Na prática, a teoria era outra. Pouco depois da posse portuguesa, teve começo um longo e impiedoso massacre dos povos nativos. Ainda hoje cabe perguntar por que há tamanha injustiça na sociedade brasileira depois de 500 anos de intensa evangelização, e tanta mentira, corrupção e violência em meio ao nosso povo bom e cristão.

Nenhuma religião pode atirar a primeira pedra. O povo da Índia milenar tem, certamente, uma das tradições religiosas mais ricas e inspiradoras do planeta. Mas a população do país vive na miséria, a classe política é corrupta, e o grande líder da independência do país, Mohandas Gandhi, foi assassinado a sangue frio na metade do século 20 por fanáticos cheios de sentimento religioso, simplesmente porque queria a tolerância mútua e a convivência pacífica entre pessoas de fés diferentes. A Índia milenar investe hoje em armas atômicas uma fortuna que poderia alimentar melhor seu povo. O único objetivo é sustentar uma corrida armamentista contra outro país bastante religioso, o Paquistão. Aliás, também o Paquistão desenvolveu armas atômicas em meio à pobreza da sua própria população.

Os povos árabes são igualmente místicos e tementes a Deus, mas por que têm odiado tanto os judeus e, em alguns casos, toda a sociedade ocidental? A religião de Gautama não está livre do pecado. Há casos de grandes líderes e famosos monges budistas vindos para o ocidente que se transformaram em bêbados incuráveis e completos fracassos morais, enquanto procuravam manter o discurso e a pose de "grandes sábios" diante do assombro dos seus seguidores e discípulos.[1]

---

[1] Veja, entre outros, o relato impressionante do caso de um famoso "Rinpoche" tibetano na Califórnia, totalmente destruído pelo alcoolismo e pela hipocrisia, no sério e bem documentado livro *Ao Encontro da Sombra,* compilado por Connie Zweig e Jeremiah Abrams, Ed. Cultrix, S. Paulo, capítulo 29. O livro traz uma reflexão indispensável para os espiritualistas do século 21.

Pessoa alguma poderia duvidar: o cristianismo é uma das melhores religiões do mundo. Mas será que as autoridades religiosas precisavam matar tantos milhares de pessoas em nome de Jesus, humilhando, torturando e queimando na fogueira, durante os longos tempos da Inquisição, todo aquele que parecesse discordar de alguns dos seus dogmas, entre os quais não faltavam superstições absurdas? O padre Antônio Vieira, por exemplo, foi um dos criadores do que há de melhor na alma do povo brasileiro. Pioneiro da luta pela ética na política e pelo respeito aos indígenas, pensador independente e de idéias messiânicas, ele passou vários anos da sua vida nos cárceres da "Santa" Inquisição em Portugal. Teve sorte de não ser morto.

No começo do século 19, o grande místico e maçom Hipólito da Costa fugiu dos cárceres da Inquisição portuguesa para ir viver em Londres e fundar no exílio o primeiro jornal brasileiro, *Correio Braziliense.* Mas milhares de pessoas não puderam sobreviver à perseguição do fanatismo religioso. Centenas de milhões viveram aterrorizados e sem liberdade de pensamento. Quando é que o Vaticano fará, finalmente, uma autocrítica mais ampla e corajosa em relação aos desatinos da Inquisição? Como foi possível que uma "Igreja de Deus" fizesse tais coisas?

Como? Bem, Freud explica isso. Apesar de todos os belos rituais, das promessas de céu, ameaças de inferno e da sincera adoração de Deus, grande parte da casta sacerdotal das diferentes religiões transmite há milênios aos seus seguidores, nas entrelinhas, pelos seus atos e não por suas palavras, uma mensagem moralmente perigosa: "Faça o que eu digo, não faça o que eu faço". Essa moral de cara dupla da velha religiosidade dogmática, que vive das aparências, não é mais capaz de manter-se de pé no século 21. As condições cármicas e históricas atuais já não admitem um divórcio hipócrita entre teoria e prática, ideal e vida, palavra e gesto. Se o ceticismo materialista e a falta de valores éticos ameaçam a convivência social, é porque as religiões têm falhas importantes.

A solução é o auto-exame individual e coletivo. Cada um deve cuidar prioritariamente da sua própria purificação, porque ninguém está isento de erros. As organizações espiritualistas enfrentam os mesmos perigos da hipocrisia e da ilusão que corroem as religiões dogmáticas. Em certos meios "esotéricos", por exemplo, encontra-se em cada esquina um "avatar", um "alto iniciado" ou alguém que "canaliza" grandes seres e mestres divinos, ou conversa com eles. Há profetas ingênuos que aparentam uma santidade pessoal construída artificialmente. Na grande maioria dos casos, acreditam com sinceridade em suas próprias fantasias. A escritora Helena Blavatsky estava dolorosamente certa ao afirmar – como vimos no capítulo dois – que, no caminho espiritual, é preciso manter sobretudo o bom senso.

Para Sigmund Freud, criador da psicanálise, o surgimento das religiões na história humana ocorreu de modo paralelo com a construção das sociedades organizadas. Deus surge na mente do homem como uma projeção cósmica da figura do pai. Exatamente como um pai, Deus castiga, impõe limites e – na medida do nosso bom comportamento e submissão filial – nos protege do mal e da destruição. Ao longo da história humana, quanto mais surgia a necessidade de organizar a sociedade, mais era necessário reprimir os instintos. Freud escreveu em *O Futuro de Uma Ilusão* que a figura de Deus surge na mente humana como um modo de impor ordem no mundo psicológico do homem primitivo:

"Por pouco que os homens sejam capazes de existir isoladamente, eles sentem, não obstante, como um pesado fardo os sacrifícios que a civilização espera deles para tornar possível a vida comunitária. A civilização, portanto, tem que ser defendida contra o indivíduo, e seus regulamentos, ordens e instituições visam a esta tarefa." Para Freud, os homens "não são espontaneamente amantes do trabalho" e os argumentos racionais "não têm valia alguma contra suas paixões". Assim, "toda civilização repousa sobre uma compulsão a trabalhar e uma renúncia ao instinto". Entre os impulsos reprimidos estão o incesto, o canibalismo e a "ânsia de matar".[2]

O psicanalista observa "com surpresa e preocupação" que "a maioria das pessoas obedece às proibições culturais nestes aspectos apenas sob pressão externa". O mesmo ocorre com relação à conduta moral no sentido mais amplo: "a maioria das experiências que se tem da indignidade moral do homem ocorre nesta categoria (da ausência de repressão externa). Há incontáveis pessoas civilizadas que se recusam a cometer assassinato ou a cometer incesto, mas que não se negam a satisfazer sua avareza, seus impulsos agressivos ou desejos sexuais, e que não hesitam em prejudicar outras pessoas por meio da mentira e da calúnia, desde que possam permanecer impunes; isso, indubitavelmente, foi sempre assim através de muitas épocas da civilização."[3]

Contemporâneo da ascensão do nazismo, Freud não alimenta ilusões em relação ao ser humano e olha com lucidez implacável os dramas neuróticos da nossa alma coletiva. Ele descreve o processo pelo qual uma cultura idealiza a si mesma, estimulando o orgulho narcisístico em seus integrantes como uma compensação pela repressão dos seus instintos animais elementares. Em casos extremos, o orgulho nacionalista ou racista pode levar à guerra e ao crime. E há casos brandos. Dizer que Deus é brasileiro ou que o futebol brasileiro deve ser sempre o melhor do mundo são manifesta-

---

[2] *O Futuro de Uma Ilusão,* Sigmund Freud, Ed. Imago, RJ, 1997, 87 pp. Ver pp. 13-15. Para conhecer melhor a visão freudiana sobre as religiões, leia também *Moisés e o Monoteísmo,* de Sigmund Freud, Imago Editora, 1997, RJ, 119 pp.

[3] *O Futuro de Uma Ilusão,* obra citada, pp.19-20.

ções simples e relativamente inofensivas desse tipo de narcisismo de grupo.

Vejamos alguns exemplos simples, que constatei no movimento espiritualista das últimas décadas. Em Porto Alegre muitos pensam que a capital gaúcha, por estar situada no paralelo trinta, será a capital espiritual do planeta, no futuro; em Curitiba, acredita-se que Curitiba, naturalmente, é uma cidade mágica, com um astral especial, e que comandará a passagem para a próxima civilização. Alguns habitantes da capital paulista tendem a pensar que sua cidade, por ser a maior do país, terá um papel fundamental nesse processo. Os espiritualistas cariocas, por sua vez, estão cientes da sua própria importância. Alguns habitantes da região de Brasília garantem que a região Centro Oeste, especialmente em torno da capital federal, será o berço da nova civilização. Em Nova Iorque, os habitantes daquela cidade alegam que ela é o verdadeiro centro do mundo, um tubo de ensaio para a formação da sociedade futura. Quem duvida que a Califórnia é o centro e berço do movimento da nova era? Os tibetanos, modestamente, crêem que seu país é o mais sagrado e divino do planeta. Mas se você for à Índia, perceberá que os indianos têm uma serena consciência de que seu país é a origem e o criadouro de algumas das principais religiões humanas. Os espiritualistas ingleses levam muito a sério a importância dos seus próprios pontos de vista, e assim sucessivamente.

O fato central, esquecido por alguns, é que **todos** os lugares – e não apenas este ou aquele em especial – são, hoje, laboratórios e **portais de transição** para uma nova maneira de viver, mais solidária. A capital da nova era global – a "nova Jerusalém" – está em todas as partes, porque é na verdade uma nova dimensão da mente humana, uma nova maneira de funcionar, e não um lugar físico. A aurora da nova civilização ilumina a todos – mas o narcisismo compensatório encontra motivos para pensar que a nossa própria cidade é a melhor; nossa agrupação espiritualista é a grande portadora da verdade; nosso time de futebol tem que ser o campeão; nosso partido político é o único bom; nossas próprias opiniões e os livros que lemos são os mais importantes do mundo. Assim se fragmenta a verdade e se bloqueia a energia da fraternidade universal. Especialmente quando há nisso um sutil desprezo pelo ponto de vista dos outros.

Esse fenômeno narcisístico está ancorado em lugares profundos da alma humana. A civilização reprime os instintos do indivíduo usando como figura de poder um Deus paternal e autoritário que dita as regras. Aos seres humanos só resta obedecer. Fora daquela "verdade" oficial específica, única legítima, está o gigantesco e ameaçador "caos" que todos devem ignorar ou combater. O indivíduo se submete cegamente sem direito a questionar, mas, em troca, ganha o "direito" de considerar seu povo superior a todos os demais, sua religião a única verdadeira, e assim por diante. Disso têm surgido conflitos e sofrimentos inenarráveis, em quantidades indescritíveis.

Quando é visto ilusoriamente, o caminho espiritual oferece garantias tão sublimes quanto neuróticas. Só o discernimento permite perceber que na verdade a espiritualidade é o caminho da paz interior incondicional, e não do poder ou do prestígio externos; é o caminho do Ser, e não do ter; e no qual se procura o poder que nos faz parecer nada aos olhos dos outros.

Sem medo da verdade, o polêmico Freud qualifica as grandes religiões dominantes no século 20 como velhas ilusões – "relíquias neuróticas" – pelas quais o ser humano criou uma figura divina nacionalista, que o protege do desconhecido legitimando a guerra, o egoísmo dos mais fortes e o sacrifício dos mais fracos. Assim, apesar da mensagem libertária de Jesus no Novo Testamento, na prática o cristianismo passou a ser uma religião imperial e dominadora – para citar um exemplo ocidental. A religião dogmática, para Freud, é uma maneira de *externalizar* a divindade, ou seja, de afirmar que ela não está dentro de nós, e que, sendo assim, podemos continuar agindo com maldade e irresponsavelmente, já que algo externo nos defenderá das conseqüências dos nossos próprios atos. "Compraremos" esse direito de proteção externa através da nossa submissão ao clero e da participação passiva nos rituais recomendados. Um exemplo claro desse lamentável equívoco é o caso do cristão desinformado que pensa que o sacrifício de Jesus na cruz é suficiente para salvá-lo, e que portanto ele não precisa, ou não pode (já que é um "mero pecador"), aplicar na prática da sua vida concreta o ensinamento do mestre Jesus.

Freud escreve:

"É duvidoso pensar que os homens em geral tenham sido mais felizes na época em que as doutrinas religiosas dispunham de uma influência irrestrita; mais morais, certamente eles não foram. Os sacerdotes, cujo dever era assegurar a obediência à religião, foram ao seu encontro neste aspecto. A bondade de Deus coloca freio em Sua própria Justiça. Alguém peca; faz depois um sacrifício ou se penitencia e fica livre para pecar de novo.(...) Assim concluíram: só Deus é forte e bom; o homem é fraco e pecador."[4] Ao ler este parágrafo, anotei à margem com uma caneta: "Os rituais religiosos são, muitas vezes, uma exteriorização dos preceitos da sabedoria com o objetivo subconsciente de não ter de vivenciá-los na prática diária".

Após uma longa reflexão, o psicanalista anuncia seu diagnóstico em relação às religiões convencionais e autoritárias:

"Assim, a religião seria a neurose obsessiva universal da humanidade; tal como a neurose obsessiva das crianças, ela surgiu do complexo de Édipo, do relacionamento com o pai. Se for correta esta conceituação, o afastamento da religião está fadado a ocorrer com a fatal inevitabilidade de um processo

---

4 *O Futuro de Uma Ilusão*, obra citada, p. 60.

de crescimento; e nos encontramos exatamente nesta junção, no meio desta fase de desenvolvimento."[5] Isto é, o Deus-pai-autoritário corresponde à infância humana. Com nosso crescimento, nos afastamos dele e descobrimos maneiras adultas de ter acesso ao mundo divino. Freud escreveu que o Deus em que ele próprio acreditava, o Logos, a Razão, podia parecer pouco poderoso em meados do século 20, mas que desempenharia um papel preponderante no futuro. Ele escreveu, falando do verdadeiro intelecto ou inteligência espiritual:

"A voz do intelecto é suave, mas não descansa enquanto não encontra uma audiência. Finalmente, após uma incontável sucessão de reveses, obtém êxito. Este é um dos poucos pontos sobre os quais se pode ser otimista a respeito do futuro da humanidade e, em si mesmo, não é de pequena importância. E dele se podem derivar outras esperanças ainda. A primazia do intelecto jaz, é verdade, num futuro infinitamente distante."[6]

Consciente ou inconscientemente, Freud parece mencionar aqui as futuras raças humanas de que fala a filosofia esotérica, e que deverão ser guiadas por uma forte inteligência espiritual, ao invés da inteligência mental que caracterizava a humanidade do século 20. As humanidades futuras são descritas na obra *A Doutrina Secreta,* de H. P. Blavatsky. Em seguida, Sigmund Freud confessa que sua divindade preferida é a Razão, o Logos:

"O nosso deus, o Logos, talvez não seja um deus muito poderoso, e poderá ser capaz de efetuar apenas uma pequena parte do que seus predecessores prometeram. Se tivermos de reconhecer isto, aceitá-lo-emos com resignação."[7]

---

[5] *O Futuro de Uma Ilusão,* obra citada, p. 69.

[6] *O Futuro de Uma Ilusão,* obra citada, p. 83.

[7] *O Futuro de Uma Ilusão,* obra citada, p. 85.

É no mínimo significativo o fato de que Freud, considerado ateu, adota com seu enfoque psicanalítico o mesmo ponto de vista defendido por um grande mestre de sabedoria, o Mahatma Koothoomi, em uma carta escrita em 1882 para o jornalista inglês Alfred Sinnett, na época seu discípulo leigo. A carta – que causa polêmica até hoje nos meios teosóficos e espiritualistas – foi mandada para a Índia desde os Himalaias por processos físicos desconhecidos da ciência atual. Nela o instrutor afirma, com relação à religiosidade convencional e autoritária:

"Direi a você qual é a maior, a principal causa de cerca de dois terços dos males que perseguem a humanidade desde que esta causa entrou em ação. É a casta sacerdotal, o clero e as igrejas; é nestas ilusões que o homem vê como sagradas que ele deve procurar a fonte daquele sem-número de males, a grande maldição da humanidade que domina quase totalmente o gênero humano. A ignorância criou os deuses e a astúcia aproveitou a oportunidade. Veja a Índia, veja a cristandade, o islamismo, o judaísmo e o fetichismo. Foi a impostura dos cleros que fez com que estes Deuses passassem a ser tão terríveis para o homem; é a religião que o transforma no beato egoísta, no fanático que odeia toda a humanidade fora da sua própria seita, sem torná-lo em nada melhor ou mais moral por isso. É a crença em Deus e nos Deuses que faz de dois terços da humanidade escravos de um punhado daqueles que os enganam com o falso pretexto de salvá-los. O homem não está sempre pronto a cometer qualquer tipo de maldade se lhe disserem que seu Deus ou Deuses exigem o crime? O homem não é vítima voluntária de um Deus ilusório, escravo abjeto de seus ministros astuciosos?"[8]

---

[8] *Cartas dos Mahatmas Para A. P. Sinnett*, editadas por A. Trevor Barker, Editora Teosófica, Brasília, 2001. Ver carta número 88, vol. II, pp. 61-62. A respeito, veja também a Carta 30 no volume I, e a carta 90, no volume II.

Convém lembrar que em 1882 as religiões eram ainda piores do que são hoje. Uma boa parte do dogmatismo autoritário já é coisa do passado, embora haja muito por fazer. O instrutor prossegue na carta:

"Durante dois mil anos a Índia gemeu sob o peso das castas, com os brâmanes engordando só a si mesmos com o melhor da terra, e hoje os seguidores de Cristo e Maomé estão cortando as gargantas uns dos outros em nome – e para maior glória – dos seus respectivos mitos. Lembre que a soma da miséria humana nunca será diminuída até aquele dia em que a parte melhor da humanidade destruir em nome da verdade, da moralidade e da caridade universal, os altares dos seus falsos deuses."

A semelhança com o ponto de vista freudiano é forte, e mostra que o fundador da psicanálise não só deu uma grande contribuição para libertar a alma humana dos seus condicionamentos, mas que sua visão do ser humano é semelhante, em muitos aspectos, à filosofia esotérica que inspira o movimento teosófico e grande parte do espiritualismo moderno. Assim como os raja-iogues inspiradores do movimento teosófico, Freud confiava no desenvolvimento da ciência e no alargamento dos seus horizontes, como meio para eliminar as causas do sofrimento humano.

A religião do futuro está nascendo hoje livre de dogmas e de obediência cega, porque se apóia no surgimento de um novo cidadão capaz de confiar na verdade, mesmo quando ela parece desagradável ou é "politicamente incômoda". Esse cidadão possui uma dose suficiente de bom senso para viver na prática os antigos preceitos que recomendam ter uma "vida limpa, uma mente aberta e um coração puro". Esse ser humano solidário, base de uma civilização mais durável, estabelece em seu mundo interno uma ligação consciente e crescente com a sabedoria imortal – conforme veremos no capítulo seguinte.

12

Antahkarana: A Ponte Entre Céu e Terra

Duas figuras humanas caminhavam havia horas pela paisagem árida do deserto mexicano. O velho instrutor, Dom Juan, parava de vez em quando para rir às gargalhadas do jeito confuso do aprendiz. Carlos Castaneda, desorientado, lutava contra o sentimento de humilhação pessoal. Ele não sabia como comportar-se diante daquele mestre surpreendente que considerava a morte como conselheira, conversava com o vento e ensinava que a vida deve ser vivida minuto a minuto, se não quisermos que 90 ou 100 anos deslizem num instante e inutilmente.

Quando a confusão do aprendiz chegou ao auge, a verdadeira lição começou. O velho imprevisível disse:

"Estamos tratando de perder a importância própria. Enquanto você achar que você é a coisa mais importante do mundo, não pode apreciar realmente o universo em volta de si."

Em seguida, Dom Juan ajoelhou-se no chão diante de uma pequena planta e disse que conversaria com ela. Acariciou-a e falou a ela com ternura em mais de um idioma. Depois ensinou Castaneda a conversar com as plantas do deserto "até perder todo seu sentido de importância pessoal".[1]

Qual era a intenção de Dom Juan? Ele levou o eu inferior do seu aprendiz Castaneda a uma crise, com o objetivo definido de que uma "segunda atenção" pudesse despertar, e o eu superior passasse a organizar a consciência do discípulo.

O o o O

Todas as religiões ensinam que o ser humano é dual: uma parte dele é animal e morre; outra parte é divina e imortal. Segundo a tradição esotérica, o caminho da sabedoria consiste exatamente em elevar o *foco da consciência* dos níveis inferiores de vibração para os níveis superiores. Isso se dá gradualmente. Uma só vida não basta, e a alma imortal reencarna tantas vezes quantas necessárias para alcançar a meta. Ganhando experiência, aos poucos ela aprende a influenciar melhor a sua personalidade externa e física. No início, isso parece impossível. Muito mais tarde, quando o eu imortal adquire finalmente total domínio sobre a natureza inferior, ele fica livre do reino humano.

Cristo, Buda e outros seres que atingiram a perfeição humana constituem, na verdade, pioneiros e precursores. Mostram o caminho para o conjunto das almas da nossa humanidade. Mesmo em nosso estágio atual, em que não faltam limitações, já é possível ouvir a "voz do silêncio". Calando as preocupações de curto prazo consigo mesmo, o cidadão pode escutar a voz de sua consciência e perceber que aquilo que

---

[1] *Viagem a Ixtlán,* Carlos Castaneda. Ed. Record, 14ª edição, 254 pp. Ver pp. 33 e seguintes, especialmente p. 37.

ele chama de "anjo da guarda" pessoal é, sobretudo, mais um nome para seu "eu superior", também conhecido como mônada e *Atma-Buddhi.*

Assim, o significado profundo da expressão "seguir o caminho de Cristo" implica *seguir o caminho do auto-aperfeiçoamento.* Não basta uma mera adoração devocional à imagem de um Deus humano. A tarefa é promover uma revolução pessoal em que aprendemos a olhar a vida e atuar nela do ponto de vista da alma imortal, e não mais da vida física, com suas preguiças e comodidades, seus medos e suas ambições.

Entre o eu imortal e a personalidade externa, o foco médio da consciência humana, que chamamos de "eu", eleva-se lentamente à medida que a alma ganha sabedoria e experiência. Mas saber disso não é suficiente. O decisivo é o que se faz a partir do conhecimento desse fato. A elevação do foco de consciência é uma tarefa concreta que coloca problemas técnicos e questões práticas.

O mapa completo da consciência humana inclui sete grandes *princípios* ou níveis. Em cada um deles, o "eu" organizador da consciência possui características diferentes. A seguir, mantenho os nomes sânscritos porque eles têm uma vibração própria e são *mantras.* Vale a pena fixar bem essas palavras.

O corpo físico, primeiro princípio, é feito de carne e osso. Seu nome é ***Sthula-sharira.*** O segundo princípio, ***Prana,*** é a vitalidade. O terceiro princípio é ***Linga-sharira,*** e ele detém os arquétipos e as estruturas cármicas sutis dentro das quais flui a vitalidade. A carga genética herdada dos nossos pais é parte das funções do *Linga-sharira.* Mas ele é muito mais que isso. Esse princípio é chamado de "duplo astral" por Helena Blavatsky.[2] A acupuntura, a homeopatia e outras formas de medicina sutil trabalham com o segundo e o terceiro princípios,

---

2 *A Chave Para a Teosofia,* de Helena P. Blavatsky, Ed. Teosófica, ver pp. 89-97.

isto é, a vitalidade, *Prana,* e os arquétipos energéticos, *Linga-sharira.*

O quarto princípio, ***Kama,*** é o centro das emoções animais, do medo, do amor com apego, do sentimento de rejeição, da paixão, da busca de segurança. Esses quatro princípios básicos formam o eu mortal. No momento da morte, os três primeiros se dissolvem completamente, e o quarto princípio vai para o primeiro estágio do pós-morte, ***Kama-loka.***

O quinto princípio é ***Manas,*** a mente, e é essencialmente dual. Ora se volta para baixo e se coloca a serviço dos sentimentos e da vitalidade animal (mesmo usando um vocabulário culto e até um discurso religioso), ora se volta para cima, é iluminado pela alma imortal e busca apenas a verdade, comporta-se com altruísmo e reflete a sabedoria eterna.

A parte concreta do quinto princípio – que se pode chamar de ***Kama-manas*** – tem um tipo de raciocínio que gira em torno das preocupações pessoais, opiniões, medos e esperanças. A parte superior do quinto princípio é a mente abstrata, a inteligência espiritual que vê a verdade sem distorções ou egocentrismo.

O sexto princípio, ***Buddhi,*** é o centro da alma imortal, a sede da intuição espiritual e da compaixão universal. Para a mente iluminada por *Buddhi,* o mundo já não é um desfile de fatos concretos, sensações, emoções e pensamentos. A intuição superior mergulha diretamente na realidade primordial, porque é feita da mesma realidade essencial que está presente em todas as coisas aparentemente diversas. É o princípio búdico da compaixão e da solidariedade que dá sentido e significado, em última instância, às nossas pobres existências pessoais.

O sétimo princípio é ***Atma,*** o todo, a realidade suprema misteriosamente presente em nós. Ele é feito com a mesma matéria-prima da lei que mantém as galáxias em movimento, e é, ao mesmo tempo, a fonte última da nossa vontade de agir corretamente em cada situação da nossa existência pessoal. *Atma* não é humano. É uma fagulha do Absoluto e do Infinito. *Atma* nos conecta com a essência do cosmo inteiro.

Os sete princípios se dividem em dois grupos. Acima, a tríade imortal, formada por *Atma, Buddhi* e *Manas.* Abaixo, o quaternário mortal formado por *Sthula-sharira*, *Prana, Linga-sharira* e *Kama*. A ligação dinâmica entre esses dois setores da nossa estrutura oculta é chamada de ***Antakharana***. Veja a ilustração.

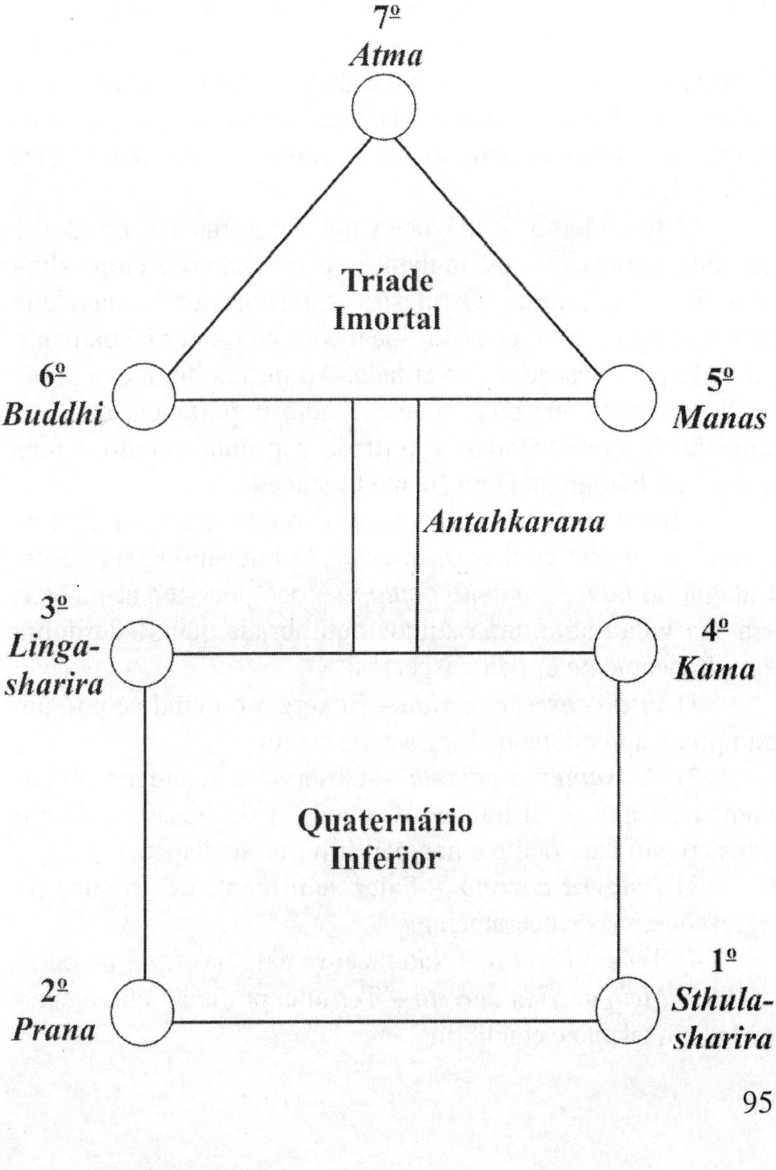

Como realizar, então, a grande tarefa de elevar o foco da consciência até a tríade superior? **A chave central do processo é a ponte que liga o eu mortal à alma imortal, e cujo nome sânscrito é *Antahkarana*.** Conforme nosso grau de evolução e nossa atitude diante da vida, essa ponte pode ser mais larga ou mais estreita, e também pode estar desimpedida ou não, nas diferentes situações concretas que vivemos.

O que nos torna humanos é precisamente essa tensão elétrica e criadora entre a polaridade animal, negativa, e a polaridade divina, positiva, da vida humana. Quanto mais amplo for *Antahkarana*, maior o contato entre céu e terra dentro de nós.

O sentimento de devoção por seres mais evoluídos é um dos fatores que estimulam esse intercâmbio entre alma mortal e alma imortal. Os mestres espirituais da humanidade são exemplos práticos do ideal de auto-aperfeiçoamento adotado pelo buscador da verdade. Ao mesmo tempo, a prática do altruísmo permite vencer a auto-importância que nos impede de compreender a verdade espiritual, como vimos acima no diálogo de Dom Juan e Castaneda.

Diferentes religiões apontam diversas maneiras de fortalecer a ligação com o *eu imortal*. O budismo ensina a estratégia do *nobre caminho óctuplo*. Você pode tentar manter, em sua vida diária, uma atitude equilibrada que se desdobra simultaneamente em oito aspectos:

1) Visão correta da vida – Enxergar o mundo como um campo de aprendizado. Ter discernimento.

2) Pensamento correto – Observar a realidade objetivamente, sem as distorções do medo e da ilusão; dirigir o pensamento para o alto e não permitir que se disperse.

3) Palavra correta – Falar sem mentiras, truques ou agressões, mas sinceramente.

4) Ações corretas – Não fazer o mal, mas fazer o bem.

5) Meio de vida correto – Ter uma profissão útil, e exercê-la com talento e equilíbrio.

*6) **Esforço correto*** – Viver conscientemente a cada momento, sem cair na preguiça ou na agitação.

*7) **Memória correta*** – Aprender com o passado para não repeti-lo. Ter presentes o ensinamento espiritual e os preceitos da sabedoria.

*8) **Concentração correta*** – Ter metas nobres e claras. Ordenar sua vida em função delas.

Ações, emoções e pensamentos devem fluir e organizar-se em harmonia crescente com a inspiração que surge o tempo todo da tríade imortal e que ilumina o quaternário inferior. Na sua definição mais simples, *Antahkarana* é a ponte que liga a mente abstrata (*Buddhi-manas*) à mente concreta (*Kama-manas*). Porém, olhando mais profundamente, vemos que *Antahkarana* inclui múltiplas ligações entre a tríade imortal e o quaternário básico. Cada um dos princípios está vinculado a todos os outros. Todos influenciam a todos, permanentemente, com a dinâmica das suas vibrações vitais. *Atma*, por exemplo, tem uma relação específica com cada um dos demais princípios. O mesmo ocorre com *Buddhi* e com *Manas*.

Na outra ponta, uma autodisciplina física, por exemplo, irá aumentar a vitalidade (*Prana*), melhorará o arquétipo sutil (*Linga-sharira)*, tornará as emoções (*Kama*) mais puras, as idéias (*Manas)* mais claras, e permitirá manifestar melhor a vontade de *Atma* e a compaixão intuitiva de *Buddhi*. E assim sucessivamente: cada princípio tem uma dimensão sua voltada para si mesmo, e seis outras dimensões em que interage com os outros seis princípios.

Às vezes a caminhada espiritual implica um conflito interno mais severo para o buscador da verdade do que para o cidadão comum. É na alma do aprendiz que se dá a grande guerra entre luz e sombra. O campo de batalha é o eu inferior. De um lado, lutam os setores da nossa personalidade mortal que são leais à tríade imortal. De outro lado, os setores da nossa personalidade que gravitam em torno da nossa alma animal, e que estão interessados principalmente em preguiça, prazer e poder pessoal. Esses últimos freqüentemente se disfarçam de sentimentos ou discursos espirituais, e usam motivos nobres como camuflagem. Com isso, causam mais sofrimento e induzem a erro a alma imortal.

A guerra entre luz e sombra é cheia de episódios imprevisíveis e inesperados em que – por exemplo – a virtude da coragem pode se transformar em imprudência e, no outro extremo, a virtude da paciência pode ser transformada em preguiça. É desse conflito que nasce finalmente o discernimento, isto é, a capacidade de distinguir o verdadeiro do falso. O discernimento – ***viveka***, em sânscrito – é uma das chaves que abrem a porta para o céu em nosso interior. Com ele, cada uma das virtudes encontra seu ponto de equilíbrio, e os perigos do exagero e da pressa são superados ao mesmo tempo que as outras formas de distorção da energia vital.

Para simplificar a prática da auto-observação na busca espiritual, criei um sistema de monitoramento da ação de *Antahkarana*. É um meio de saber, em qualquer momento, se a **ponte para o céu** está em plena ação ou se enfrenta alguma obstrução devido a sentimentos ou pensamentos egoístas. O mecanismo medidor de *Antahkarana* que mostro a seguir é simples, mas desafiador. São doze itens indicadores de bloqueio na relação entre personalidade e eu superior. A essa lista, outros pontos podem ser acrescentados no caso específico de cada um de nós. A auto-observação feita de acordo com esse roteiro sugere indicações de como proceder para fortalecer *Antahkarana*:

O Contato Entre Tríade e Quaternário	
***Antahkarana* Bloqueado**	***Antahkarana* Livre**
1) Quando há bloqueio na relação com o eu superior, o indivíduo sente-se pessoalmente bem quando tudo lhe parece fácil, e se sente mal quando enfrenta dificuldades.	1) Sem bloqueio, a pessoa sente-se bem, e com uma sensação de "acompanhamento interior", independentemente dos altos e baixos circunstanciais.
2) O indivíduo é rigoroso com os outros e generoso – ou indulgente – consigo próprio.	2) O cidadão é rigoroso consigo e generoso com os outros. Ou, pelo menos, é tão rigoroso consigo quanto com os outros.
3) O cidadão fica secretamente triste com a vitória de colegas, ou amigos, e intimamente feliz com a derrota ou fracasso deles. Esse sintoma é especialmente perigoso se o invejado é outro buscador da verdade espiritual.	3) O cidadão fica (secretamente ou não) contente com a vitória dos colegas e colabora sinceramente com ela. Ele lamenta interiormente a derrota dos outros (sem desesperar-se).
4) O indivíduo tenta obter exclusivamente para si a proteção e a bênção divina.	4) O cidadão busca ajudar os outros no caminho da vida, participando ativamente do plano da evolução.

Antahkarana **Bloqueado**	*Antahkarana* **Livre**
5) Ele sente que já compreendeu muitas coisas, que aquilo que faz é muito significativo e que seu talento não está sendo suficientemente reconhecido. Tem orgulho.	5) O indivíduo sente que é pessoalmente insignificante, porque mantém diante de si o ideal de perfeição proposto pelos grandes instrutores. Quando tem uma vitória, sente uma *alegria anônima*. Não crê em vitórias ou derrotas pessoais.
6) Fala da sua própria "sabedoria" ou insinua que tem grande conhecimento. Coloca um ar de importância. Tem a tendência de desprezar sutilmente os outros.	6) Com plena ligação entre personalidade e eu superior, o indivíduo obedece a uma proibição interna de fazer propaganda de si mesmo. Ele sabe que ninguém é *proprietário particular de nada que tenha valor eterno,* e compreende, portanto, que a sabedoria não lhe pertence.
7) O indivíduo atua guiando-se pelas aparências e adaptando-se aos estímulos e condições externos, porque é incapaz de ouvir claramente a sua própria consciência.	7) O cidadão atua a partir da inspiração interior, com menos preocupação em relação às aparências, e tem coragem para desafiar os comportamentos coletivos automáticos e baseados em intimidação e acomodamento.

Antahkarana **Bloqueado**	*Antahkarana* **Livre**
8) O cidadão briga por espaço nas frentes de trabalho e nas situações já estabelecidas. Usa predominantemente o hemisfério cerebral esquerdo, que gira em torno do passado.	8) Ele abre novos espaços e frentes de trabalho, transforma situações velhas e sabe utilizar o hemisfério cerebral direito, sede da criatividade e da consciência espiritual.
9) Com bloqueio, o medo da morte é tão grande que o tema é negado e relegado ao subconsciente. Fechando os olhos para a realidade, o cidadão desperdiça o tempo de que dispõe.	9) O indivíduo valoriza cada momento porque sabe que uma vida inteira pode passar rapidamente. Seu temor maior é viver de modo incorreto. Por isso avalia regularmente a sua vida e ajusta suas prioridades.
10) Há um excesso de confiança no intelecto e uma busca de segurança através do apego às suas próprias opiniões. Quando é incapaz de silenciar, a mente concreta fica presa às palavras e procura sentir-se proprietária particular da verdade.	10) Sem bloqueio, o indivíduo aproveita, sintetiza e inclui em seu pensamento as idéias dos outros, enquanto mantém sempre clara a noção dos seus próprios valores e metas.

Antahkarana **Bloqueado**	*Antahkarana* **Livre**
11) Se a pessoa sente ansiedade ao ficar só, em silêncio, esse é um sintoma de obstrução. O convívio ansioso com os outros e as preocupações pessoais estimulam a mente superficial.	11) A pessoa se sente em paz quando está em solidão e sabe que a vida espiritual é amiga do silêncio. A vida profunda necessita de uma existência simples e pacífica – o que só parece monótono para quem confunde *vida intensa* com *barulho e agitação.*
12) Quem come apenas por gula esquece momentaneamente do *eu superior*.	12) Comer com moderação e manter uma dieta equilibrada ajuda a manter abertas, de par em par, as portas da inspiração.

Os exemplos do diagrama acima podem ser mais numerosos. Em cada fase da vida humana há diferentes oportunidades de ser leal (ou desleal) à nossa alma imortal. Identificá-las é indispensável para alcançar a paz interior. No entanto, há um detalhe técnico curioso sobre *Antahkarana* que é pouco conhecido mas vale a pena abordar agora.

Normalmente, pensamos nos planos superiores de consciência como estando "dentro" do indivíduo. *Atma* e *Buddhi*, assim, estariam na cabeça e no coração. Isso é verdade apenas em parte. Os corpos sutis do homem são todos maiores do que seu corpo físico e, quanto mais sutis e elevados, maiores eles são. *Antahkarana* constitui uma ligação dos nossos corpos mais densos com a parte mais externa e nobre da nossa aura. Na verdade, *Atma* e *Buddhi* flutuam sobre nossas cabeças como auréolas invisíveis. As auréolas pintadas nos retratos de grandes santos e místicos simbolizam, aliás, exatamente o despertar de *Atma-Buddhi* que eles obtiveram.

O mestre Koothoomi escreveu em uma carta para o jornalista inglês Alfred Sinnett, em agosto de 1882:

"Nem *Atma*, nem *Buddhi* estão *dentro* do homem. Esse é um pequeno axioma metafísico que você pode estudar com proveito em Plutarco e Anaxágoras.(...) Plutarco ensinou, citando Platão e Pitágoras, que o *espírito* sempre fica fora do corpo; que ele flutua e *inspira*, digamos assim, a extremidade superior da cabeça humana." O Mahatma afirmou: "Não há princípio permanente *dentro* do ser humano."[3] O que há *dentro* é a capacidade de perceber, de ouvir e de seguir a luz espiritual de *Atma* e *Buddhi*, que brilha *acima* da cabeça humana.

Nem sempre é fácil esse contato entre espírito e matéria. No indivíduo médio, há um forte ***casulo de preocupações consigo mesmo***, feito de matéria emocional e mental, rodeando o corpo físico nas camadas inferiores da aura. É esse casulo de *auto-importância* – nos termos de Castaneda – que impede ou dificulta a função básica de *Antahkarana*.

Apesar das dificuldades, nossa vocação é a luz. Cada indivíduo humano é um resumo do universo e da humanidade. E, assim como há uma *escada de Jacó* ou hierarquia de seres espirituais ligando céu e terra (Gênesis, 28:12), também em cada ser humano existe uma hierarquia de princípios ou níveis de consciência que forma uma escada capaz de ligar céu e terra.

---

3 *Cartas dos Mahatmas Para A.P. Sinnett*, Editora Teosófica, Brasília, 2001, edição em dois volumes. Ver carta n.º 72, volume I, pp. 336-337.

Quando se diz que o adequado para o cidadão do século 21 é manter a cabeça no céu e os pés na terra, está se dizendo, de certo modo, que precisamos interconectar e harmonizar os nossos níveis de consciência, desde o mais divino (*Atma*) até o mais terrestre e físico (*Sthula-sharira*). Se não conseguirmos isso na primeira tentativa, como é muito provável, há tempo para outros esforços no futuro. Mas, desde já, cada pequeno avanço no caminho espiritual traz alívio e satisfação a todos nós.

13

Como Funciona a Inteligência Espiritual

O momento atual da evolução humana se caracteriza pelo despertar do quinto princípio, a mente – *Manas* – que se abre para a luz vinda do sexto princípio, o centro da alma espiritual, *Buddhi.* O desenvolvimento da mente humana tem sido fantástico, e agora, finalmente, ele se defronta com o surgimento da intuição.

Para a tradição esotérica, a inteligência não é privilégio exclusivo da humanidade, mas constitui um princípio cósmico presente de diferentes maneiras em tudo o que existe. A ciência moderna percebe que o universo inteiro é lógico, matemático e construído segundo proporções magicamente harmoniosas. A inteligência humana é a capacidade de compreender e entrar em sintonia, dentro das limitações do nosso estágio de evolução, com esse fato divino e ilimitado.

Todos somos parte de algo maior, e podemos dizer que a mente humana, na verdade, é o instrumento pelo qual o próprio universo olha para si mesmo e pensa sua existência.

Os Upanixades, escrituras hindus, afirmam que o homem sábio não ama seus filhos apenas por si mesmos, mas vê e ama, neles, a presença do Espírito universal e eterno. Para o *Brihadaraniaka Upanixade*[1], o sábio tampouco ama sua esposa como um ser isolado, mas reconhece na alma dela a marca da alma do universo. Assim, se formos sábios, saberemos amar nossa cidade, nosso país, a humanidade, os amigos, os animais e as florestas não como realidades separadas, mas como partes de um todo cósmico em que estamos amorosamente imersos, e em que vivemos como peixes na água.

O o o O

Amar é ultrapassar a barreira da separação que existe no plano físico. Cada um dos sete níveis da consciência humana é um aparelho que permite sintonizar o universo, e todas as nossas percepções e atividades existem apenas para acelerar o desenvolvimento da nossa alma imortal.

Tudo é inteligente no universo, e a vida vegetativa do nosso organismo físico não é exceção, como veremos no capítulo 14. O nosso fígado, o estômago, os rins, os pulmões, o coração e o cérebro trabalham coordenadamente e em equipe, do início ao fim da vida. Infelizmente, nem sempre damos boas condições de trabalho a essa equipe maravilhosa.

Os animais são inteligentes, e há inteligência no reino vegetal. Mas a inteligência aparentemente separada e aprisionada dentro de uma cápsula de preocupações consigo mesma – que chamamos de "eu" – só surge depois que a vida ultrapassa o reino animal pré-racional. Nossos cachorros e gatos

---

1 *Teachings of the Hindu Mystics*, coletânea editada por Andrew Harvey, Shambhala Publications, Boston e Londres, 2001, 147 pp. Ver pp. 36-37.

domésticos, por exemplo, estão relativamente próximos de sentir-se como "eus" separados, mas ainda não chegaram a esse ponto, que é privativo do reino humano. Eles já têm suas primeiras idéias, assim como os cavalos, as vacas, os golfinhos e outros mamíferos, mas seus pensamentos ainda são relativamente esparsos e simples. Só os seres humanos levaram às últimas conseqüências a noção da separatividade e a experiência de "solidão". A separatividade pode ser uma perspectiva ilusória, mas constitui um estágio necessário da nossa evolução.

Agora, a partir do século 21, a humanidade focaliza sua consciência cada vez mais em *Buddhi-Manas,* a inteligência espiritual. Assim redescobrimos gradualmente a unidade essencial de todas as coisas, embora já não usando o instinto animal, e sim a intuição. A humanidade começa a retomar o contato consciente com o mundo divino e sua inteligência transcendental. A vanguarda da nossa civilização já supera a dolorosa experiência de separação e isolamento necessária aos primeiros estágios de desenvolvimento mental, que foram marcados pelas funções básicas de separar, classificar, rotular, escolher e rejeitar. A mente que cria e sintetiza, instalada no hemisfério cerebral direito, volta a tomar a iniciativa e a orientar o foco da consciência. Essa mente é despertada por inúmeros fatores e processos, completamente diferentes entre si na aparência, mas que confluem para a formação de uma nova consciência. Entre eles estão:

* Os estudos espiritualistas;
* O pensamento ecológico;
* A nova ciência física e biológica;
* A nova psicologia;
* A revolução da informática;
* A nossa capacidade de amar incondicionalmente; e

* O esforço por agir com ética em todas as situações.

Aos poucos, cada um de nós aprende a usar as experiências concretas da sua vida para desenvolver ainda mais sua inteligência e ampliar sua compreensão da vida.

O lema do movimento teosófico, fundado em 1875, é "não há religião superior à verdade". Essa idéia básica e fundamental tem muitas dimensões. Ampliando *Antahkarana,* percebemos que na realidade não há religião, nem filosofia, nem ciência, nem ideologia política ou interesse pessoal acima da verdade. Assim, nossa inteligência se expande cada vez mais.

Jean-Jacques Rousseau, o sábio francês do século 18, decidiu ainda jovem dedicar sua vida apenas à verdade. A meta pode parecer difícil, mas muitos outros se dedicaram a ela. A luta contra as ilusões e a busca do que é verdadeiro não é privilégio dos sábios, mas constitui um fator poderoso e irreprimível em todos nós. Lembrar disso nos permite abrir mais espaço para a inteligência superior em nossas vidas.

Como saber o que é verdadeiro e falso? Eis a grande questão. É possível definir inteligência como "a capacidade de perceber a verdade". Mas na prática a inteligência é – mais precisamente – a capacidade de saber o que é verdadeiro e falso para mim, neste momento exato da minha vida, e também a capacidade de optar, sem vacilação, pelo que é verdadeiro. Essa última exigência, que é fundamental, requer integridade de caráter, inteligência emocional e coragem para ir, sempre que necessário, contra a correnteza fácil dos jogos de aparência.

Há um ensinamento de Gautama Buda que mostra como podemos identificar o caminho verdadeiro. Gautama disse que o contato real com a verdade nos leva:

* ao desapego, não ao apego;

* ao abandono da busca cega de vantagens pessoais, e não à busca de satisfações egoístas;

* à simplicidade voluntária e não à cobiça;

* ao contentamento e não ao descontentamento;

* à independência, e não a viver mecanicamente como membro de um rebanho;

* e, finalmente, o contato com a verdade nos leva a ter mais energia, e não a ser preguiçosos.[2]

Essa série de opções e alternativas mostra os dois tipos básicos de inteligência: a que serve à nossa alma imortal, e a que trabalha em função dos nossos interesses animais e da busca de segurança. A mente humana, como vimos no capítulo 12, é um princípio dual. O eu inferior não é o dono da casa, mas o caseiro, o zelador. O dono do prédio é o eu superior, que vive nos andares de cima e depende da lealdade do seu caseiro para inspirar toda a vida da casa e conduzi-la pelo caminho do bem.

A história da humanidade é a história do desenvolvimento da nossa inteligência. Rousseau escreveu em 1750:

"É um espetáculo grande e belo ver o homem sair a bem dizer do nada por seus próprios esforços; dissipar, pelas luzes da sua razão, as trevas em que o envolvera a natureza; elevar-se acima de si mesmo; alçar-se pelo espírito até as regiões celestes; percorrer a passos de gigante, assim como o Sol, a vasta extensão do universo; e, o que é ainda maior e mais difícil, penetrar em si mesmo para estudar o homem e conhecer sua natureza, seus deveres e sua meta."[3] O supremo conhecimento, pois, é o autoconhecimento.

O processo de evolução da inteligência não se dá em linha reta. Em todos os aspectos, a vida avança em espirais. Primeiro há sempre uma inocência primordial em um estado

---

2 *The Wisdom of Buddhism*, uma compilação de Christmas Humphreys, Curzon-Humanities, London, 1987, 280 pp., ver pp. 71-72.

3 *Discurso Sobre as Ciências e as Artes*, no livro *Discurso Sobre a Origem e os Fundamentos da Desigualdade Entre os Homens*, J.J. Rousseau, Ed. Martins Fontes, SP, 1993, 280 pp., ver p. 11.

de unidade indiferenciada; depois se perde essa inocência inicial em troca da dolorosa visão das diferenças, das desigualdades e da necessidade de independência; e finalmente a vida retorna ao todo unitário enriquecida pela experiência e dispondo de um novo discernimento para os ciclos futuros.

A velhice e a parte final da nossa vida, por exemplo, são os preparativos para a "volta para casa do filho pródigo" – isto é, da alma imortal que um dia decidiu inspirar o nascimento de uma personalidade humana no exílio do mundo físico.

No início da vida existimos em um estado de unidade indiferenciada com tudo e todos. Mais tarde deixamos gradualmente esse "paraíso" infantil e mordemos o fruto da árvore do conhecimento do bem e do mal: deixamos o estado abençoado e vamos à luta para garantir nossa independência. Na maturidade, passamos a dar vida a outros, e isso ocorre de inúmeras formas. A velhice, se houver sabedoria, será a bonança após a tempestade. Nela nos preparamos para a doce volta à Casa do Pai, isto é, *Atma,* o nosso eu imortal que nos fez nascer revestidos de carne. Esse Pai tem a substância essencial de todos os universos.

A tarefa atual da humanidade é viver o lento despertar de *Buddhi-Manas,* a inteligência pura que nada distorce em função de objetivos pessoais. Há milhares de anos, Lao-tzu, Pitágoras e Gautama Buda fundaram tradições que ensinam o contato direto de cada um com o mundo divino, e foram contrários às burocracias religiosas. Os primeiros seguidores de Pitágoras e de Buda sofreram duras perseguições. O mesmo ocorreu com o cristianismo primitivo.

Na era moderna, especialmente desde Francis Bacon (1561-1626), criador do método científico experimental, os sábios que orientam a humanidade têm apontado com clareza cada vez maior para o caminho da percepção direta da realidade, e para o velho método que inclui as etapas da tentativa, do erro, da observação do erro e da correção pelo menos parcial do equívoco na tentativa seguinte, e assim sucessivamente. Nas últimas décadas a vanguarda das ciências voltou a unir-se com a vanguarda do pensamento religioso e filosófico, como queria, no século 19, Helena Blavatsky.

No século 21, o objetivo não é enquadrar o cidadão dentro desta ou daquela crença, mas despertar nele aquela inteligência direta que o liberta das formas externas e o faz navegar no território ilimitado da sabedoria eterna.

O dogma, a rotina e a verdade oficializada são grandes instrumentos de amortecimento e asfixia da nossa inteligência. Outros importantes obstáculos são os conflitos psicológicos e o choque entre pessoas, especialmente quando, no calor da luta, são deixadas de lado a ética e a lealdade. Quando desaparece a honestidade entre as partes que discordam, a inteligência é substituída pela astúcia, que é característica de um animal furioso ou assustado – mesmo que, no caso humano, a astúcia seja disfarçada por um sorriso de aparência amável.

Meditando sobre os conflitos humanos e sobre como eles podem paralisar a inteligência coletiva, anotei um dia em um caderno de reflexões:

"Nos momentos críticos de um grupo ou instituição, a criação e manutenção de um clima de desconfiança que mistura medo e ódio é um recurso usado por líderes que não têm conhecimento e temem a verdade. O terror é a arma dos incompetentes, mas ele também revela implacavelmente a insegurança fundamental desse tipo de dirigentes, e a sua falta de inteligência, que eles procuram disfarçar com o uso da astúcia. Por outro lado, a lição mais elementar do real buscador da verdade é que ele deve manter a calma, para que *Buddhi-Manas,* a mente superior iluminada pela paz da intuição possa guiá-lo, e ele seja capaz de mostrar a verdade para todos. Se há uma crise em um grupo humano, não se deve nem fugir do conflito nem mergulhar nele. As duas tentações são igualmente perigosas. É necessário manter a calma no olho do furacão. No centro da tormenta, não há tormenta. A agitação é sempre periférica. A função do guerreiro da paz é perceber o Cosmo no meio do aparente Caos."

E acrescentei em seguida: "O rancor e a desconfiança, assim como a confiança cega, são armas dos ignorantes porque dispensam o uso do raciocínio, que eles não têm. Porém, quando estão paranóicos e agitados, os ignorantes fazem mais tolices por minuto do que quando estão calmos."

A paz emocional – cujas bases são o desapego e a simplicidade de coração – é condição indispensável para que pratiquemos com eficácia a arte de perceber a verdade. Podemos ter grandes desafios na vida, e isso é bom. Os desafios nos movimentam, nos fazem avançar. Ao mesmo tempo é essencial manter a simplicidade interior, porque a mente turbulenta fica embrutecida e não consegue ver com clareza.

Um mestre de sabedoria escreveu um dia a um dos seus discípulos, aconselhando-o sobre o esforço espiritual que ele fazia:

"Nunca deixe que a serenidade de sua mente seja perturbada em suas horas de trabalho (...) É sobre a serena superfície da mente imperturbada que as visões captadas do mundo invisível encontram uma representação no mundo visível (...) É com intenso cuidado que temos de proteger nosso plano mental de todas as influências adversas que surgem diariamente em nossa passagem pela vida terrestre."[4]

Isso me leva à conclusão de que a suprema inteligência é exatamente a percepção da paz interna. Já a falta de inteligência, ao contrário, consiste em fechar os olhos para a dinâmica da harmonia que é a eterna dança da vida dentro e fora de nós.

---

4 *Cartas dos Mahatmas Para A. P. Sinnett,* Ed. Teosófica, Brasília, edição em dois volumes, 2001. Ver Carta 65, p. 270 do volume I.

14

O Corpo Inseparável da Alma

Como vimos no capítulo anterior, uma luz sagrada vem despertando gradualmente nas mentes de um número crescente de cidadãos. Essa luz é a energia divina de *Buddhi,* o sexto princípio da consciência. Ela é a semente de uma civilização global e fraterna.

A nova visão que surge faz o ser humano olhar o mundo desde dois pontos de vista ao mesmo tempo. Um ponto de vista é específico: ele mostra a parte, o detalhe, a vida material. O outro ponto de vista é geral: ele revela o todo, o espírito, e compreende as coisas intuitivamente.

O novo cidadão sabe que cada coisa do universo é única, mas também sabe que nada pode existir ou ser compreendido separadamente. Ele usa livremente os dois hemisférios cerebrais. Vê a unidade dinâmica de todas as coisas, e ao mesmo tempo faz as devidas distinções, reconhecendo com nitidez a existência de um número infinito de realidades, cada uma delas irrepetível.

Livre de dogmas, ele experimenta possibilidades novas e aprende com seus erros. Ele compreende a sabedoria presente na idéia científica que afirma a conversibilidade da matéria em energia e vice-versa, porque reconhece sem esforço que a matéria física é apenas energia coagulada, assim como a energia é matéria volatilizada. O espírito é parte dessa substância universal, embora sua vida e vibração ocorram em níveis mais sutis.

Matéria, energia e espírito são, pois, três formas da mesma vida universal. Não há separação possível entre o que é divino e o que é material. Segundo Helena Blavatsky, "a lei fundamental da Ciência Oculta estabelece a unidade radical da essência última de cada parte constitutiva dos elementos compostos da Natureza, desde a estrela ao átomo mineral, desde o mais elevado Dhyan Chohan (espírito planetário) até o mais humilde animal protozoário, quer se aplique ao mundo espiritual, intelectual ou físico".[1]

Uma das inúmeras conseqüências revolucionárias dessa lei da unidade fundamental de todas as coisas é que não existe, em nenhum indivíduo humano, a possibilidade real de divórcio ou separação entre seu corpo e sua mente. Cada pensamento, cada idéia e cada emoção ficam impressos no corpo físico. O corpo é o retrato e o registro material do que acontece com os níveis internos de consciência. Ele também é o instrumento que permite a expressão criadora da alma imortal no mundo.

O o o O

Bertolt Brecht usava a expressão *distância crítica* para explicar que, quando estamos demasiado perto de algo ou alguém, não conseguimos avaliá-lo corretamente nem ter uma consciência crítica adequada a seu res-

---

[1] *Fundamentos da Filosofia Esotérica*, H. P. Blavatsky, Ed. Teosófica, Brasília, ver p. 19.

peito. E, de fato, o ser humano está tão perto do seu corpo físico que é difícil compreendê-lo totalmente. É preciso ir além do corpo e dos seus impulsos automáticos para compreender toda a sua importância como instrumento da nossa evolução. Com a devida *distância crítica,* a consciência consegue ver o conjunto.

Conforme o uso que fazemos do corpo físico, ele é uma ferramenta decisiva para a nossa felicidade ou pode gerar dor e angústia enormes. Os dados que a medicina convencional usa estão voltados para combater doenças. Para muitos, realmente, o corpo é um mecanismo desconhecido em que só se pensa quando há algo de errado. Mas a tradição esotérica nos mostra o corpo como um templo vivo e dinâmico, em que cada órgão é uma central energética, e onde há inteligência em todas as células. O verdadeiro caminho espiritual, ao invés de nos distanciar do corpo, nos ensina a assumir a responsabilidade pelo que lhe ocorre, a perceber em profundidade esse nosso fiel instrumento, e a descobrir nele a chave para a unidade simultânea com a sabedoria divina, com o universo e com o nosso próprio eu interior. O complexo funcionamento do corpo parece ter sido planejado por uma inteligência infinita.

"Escritos inconfundivelmente em cada célula, tecido, órgão e glândula do corpo estão os sinais de uma mente certa de um propósito, planejando cada pormenor para uma finalidade definida", escreveu um médico.[2] As células são especializadas. Uma delas seleciona o cálcio, outra o fósforo. Uma prepara o potássio, outra o sódio. Há uma divisão de tarefas bem planejada e bem executada em cada aspecto do organismo. A inteligência cósmica opera tanto na misteriosa estrutura genética de uma célula do nosso rim como nas leis que

---

2 *O Corpo Humano, a Máquina Maravilhosa,* de "Médicus", revisado e atualizado pelo dr. Luiz A. Ferreira da Silva, Ediouro, RJ, 361 pp. Veja a p. 355.

regulam a vida de uma galáxia. A tarefa do ser humano atento é aprender a comportar-se em harmonia com a vida sutil que coordena seu próprio corpo físico e que faz parte da inteligência universal. Para conhecer a si mesmo, ele deve conhecer as leis fundamentais do universo. Mas a recíproca é verdadeira: a autocompreeensão é a chave para compreender o universo.

Nossos pensamentos têm um impacto direto sobre a qualidade de vida das células. "O nosso corpo é feito de bilhões de pequeninas células altamente sensíveis e sujeitas à influência da nossa mente", escreveu Napoleon Hill. "Se a mente de uma pessoa é do tipo preguiçoso, as células do seu corpo se tornam também preguiçosas. A preguiça é o resultado da ação de uma mente inativa sobre as células do corpo. Se tiver dúvida sobre isso, tome um banho e esfregue-se bem, estimulando desse modo as células do corpo, e verá como a preguiça desaparecerá. Ou então pense em um jogo que lhe agrade muito e verá com que rapidez as células do seu corpo responderão ao seu entusiasmo". Para Napoleon Hill, "as células agem de acordo com o estado mental, exatamente como os habitantes de uma cidade agem de acordo com a psicologia coletiva que a domina". Hill acrescenta: "Se um grupo de cidadãos consegue fazer com que a cidade adquira a reputação de exitosa, essa ação beneficiará a todos os habitantes. O mesmo princípio se aplica às relações entre mente e corpo. Uma mente ativa e dinâmica conserva as células do seu corpo em constante estado de atividade".[3]

O cérebro e o coração são os dois grandes centros de comando da vida. Platão via a cabeça humana como uma miniatura do universo. Protegido pelo crânio, no ponto mais elevado do corpo humano, coordenando todas as nossas sensações físicas, memórias, reações, estados de espírito e posi-

---

[3] *A Lei do Triunfo,* de Napoleon Hill, José Olímpio Editora, RJ, 736 pp., ver p. 609.

cionamentos, está o comando cerebral, que opera em completa unidade com o sistema cardíaco-respiratório. O cérebro pesa um quilo e meio e reúne 14 bilhões de células. Por ele passa meio litro de sangue a cada minuto. Ele é lógico e linear no seu hemisfério esquerdo, intuitivo e criativo no seu hemisfério direito, emocional no seu setor límbico, e coordena as reações automáticas e os padrões vibratórios inconscientes no seu tronco, situado no topo da coluna vertebral. O cérebro é o instrumento mais complexo e maravilhoso que a vida física do planeta Terra já criou.

Segundo a sabedoria oriental, há sete cavidades ou espaços vazios no cérebro. Neles existe apenas *akasha*, a luz astral. Cumprem uma função de ligação com o plano espiritual. A sabedoria egípcia diz, em linguagem simbólica, que esses ventrículos são "câmaras onde moram os deuses". Os antigos diziam que o cérebro humano é um templo. A sabedoria esotérica afirma a mesma coisa. Os alquimistas consideram que as virtudes celestiais são captadas pelo cérebro "como o orvalho se forma sobre a terra". A tradição rosacruz e a cabala usam a mesma imagem ao descrever a intuição, pela qual o cérebro capta as vibrações da inteligência cósmica e da harmonia universal.[4] O *maná* da Bíblia cristã é o mesmo orvalho da cabala e da alquimia. Em Êxodo, 16:13-15, o alimento que cai do céu em forma de orvalho é, sobretudo, espiritual. No Evangelho de João (Jo, 6:32-33), Jesus usa uma imagem semelhante ao mencionar o pão celestial que desce até a mente pura: "porque o pão de Deus é o pão que desce do céu e dá vida ao mundo".

Além do cérebro, o outro grande comando visível do corpo humano é o coração. Com 300 gramas de peso, em média, o coração é do tamanho de um punho fechado e bate cerca de 90 mil vezes a cada dia. No mesmo período, ele

---

4 *Man, The Grand Symbol of the Mysteries*, de Manly P. Hall, Philosophical Research Society, Califórnia, EUA, 1947, 420 pp. Veja o capítulo 10.

bombeia cinco toneladas de sangue. Quando recolhe o sangue venoso, que chega a ele trazendo gás carbônico e detritos, o coração o envia para o pulmão, que o devolverá purificado e rico em oxigênio. O coração então lança para todo o organismo o sangue reciclado. Não é à toa que o coração é símbolo de várias virtudes humanas, inclusive o heroísmo. Ele não pára de trabalhar, rodeado e ajudado pelos pulmões, cuja eficácia é admirável. Manly P. Hall escreveu que um coração, arrancado de um corpo, pode bater sem parar por até meia hora. Ele não precisa do comando cerebral para bater.

Esotericamente, o coração é a sede da vida. Ele é o sol do nosso corpo. A nossa vida foi confiada sobretudo a ele. Se no cérebro há um ponto em que pulsa a vontade divina do sétimo princípio, *Atma*, no coração brilha um raio de luz de *Buddhi,* o sexto princípio, a compaixão universal. É o coração que cria condições para que o cérebro receba do céu o orvalho sagrado. E cabe aqui fazer uma pergunta. O coração purifica o sangue, mas quem purifica o coração? Na verdade, ele depende do comportamento correto do resto do corpo, para que possa estar saudável. Necessita que o corpo tenha a quantidade adequada de exercícios, que a alimentação seja correta e que as emoções e os pensamentos sejam equilibrados, para manter-se puro e assim dar condições ao cérebro de captar o orvalho da paz celestial. O *Chandogya Upanixade,* da tradição hindu, aborda esta questão:

"Quando o uso dos sentimentos é purificado, o coração se purifica. Quando o coração é purificado, existe uma constante lembrança do Eu superior. Quando existe uma constante lembrança do Eu superior, todos os vínculos são desfeitos e a liberdade espiritual é alcançada."

Para os Upanixades, o coração é a sede da nossa consciência imortal, e nele mora Brahman, o princípio criador do universo. A própria lei hermética da tradição egípcia segundo a qual o cosmo inteiro está contido em cada uma das suas partes pode ter sido inspirada pela sabedoria milenar dos hindus. Diz o *Chandogya Upanixade:*

"Dentro da cidade de Brahman, que é o corpo, existe o coração, e dentro do coração existe uma pequena casa. Essa casa é como um lótus. Dentro dela mora aquilo que deve ser procurado, investigado e percebido."

No plano físico, essa moradia mística inclui os dois ventrículos ou cavidades que controlam o trabalho do coração. O ventrículo direito produz a contração que empurra o sangue usado de volta para os pulmões. O ventrículo esquerdo se contrai mandando o sangue novo e oxigenado para a aorta, de onde irá para todas as células do corpo. Em conjunto, os ventrículos controlam o ritmo da vida.

O processo da vida é uma ondulação musical que combina esforço e descanso, som e silêncio, contração e expansão, absorção de ar novo e expulsão de ar velho. O coração é como o corpo de um pássaro vital cujas amplas asas são os pulmões. Quando o pássaro voa a uma altitude baixa, as asas batem apressadas. Quando o pássaro voa a uma altitude baixa, as asas batem serenamente. Daí a importância de uma respiração profunda, que leva a estados de consciência firmes e elevados.

Prossegue o Upanixade:

"O que é então que, morando dentro dessa casa, desse lótus do coração, deve ser procurado, investigado e percebido?" Resposta: "Tão grande quanto o Universo exterior é o Universo dentro do lótus. Dentro dele estão os céus e a Terra, o Sol, a Lua, o relâmpago e todas as estrelas. O que está no macrocosmo está nesse microcosmo."[5] O lótus do coração corresponde também ao *chacra* cardíaco, um centro de força cósmico que é a grande fonte de paz em nosso interior. Para que esse centro entre em plena atividade, no entanto, é necessário que o coração esteja livre de egoísmo.

O sangue, constantemente reciclado pelo coração, tem, segundo o médico e alquimista Paracelso (1491-1541) "um

---

5 *Os Upanishads*, versão de Swami Prabhavananda, Ed. Pensamento, SP, 157 pp., ver pp. 99-100.

espírito de ar e de fogo". A ciência moderna dá detalhes: o sangue humano – cerca de seis litros para uma pessoa de 70 quilos – contém aproximadamente 25 trilhões de glóbulos vermelhos transportadores de oxigênio, e outros tantos glóbulos brancos ou leucócitos, encarregados da defesa do organismo contra bacilos e bactérias. Quando há uma infecção, o pus constitui um amontoado de cadáveres de glóbulos brancos que morreram defendendo a saúde do organismo.

Cabalisticamente, escreve Manly Hall, o sangue é um fluido elétrico carregando consigo, em suspensão, o princípio vital absorvido pela respiração, que a sabedoria hindu e a filosofia esotérica chamam de *Prana*. Esse é o *segundo princípio,* que estudamos no capítulo doze.

Em todas as culturas humanas, o sangue é visto como um poderoso símbolo da vida. Para alguns povos antigos, quando os homens queriam firmar um compromisso irreversível, era necessário fazer um juramento derramando solenemente uma ou duas gotas do seu próprio sangue.

O fígado tem menos prestígio do que o cérebro, o coração ou o sangue, porém sua importância é fundamental porque separa o joio do trigo. Com 1,7 kg de peso, o fígado contém em si a quarta parte do sangue do corpo e produz um litro de bílis por dia. Líquido esverdeado, a bílis cumpre papel decisivo ajudando a digerir gorduras. Assim como o pâncreas, o fígado digere gorduras em grande escala. Ele também produz açúcar, que é essencial para os músculos, e destrói substâncias nocivas. Ele as recicla, quando isso é possível, ou decide pela sua eliminação. Além de tudo, o fígado ainda toma como matéria-prima os glóbulos vermelhos que não servem mais para o transporte de oxigênio, e encaminha a parte útil deles para que novos glóbulos vermelhos sejam produzidos na medula dos ossos.

Muitas pessoas agridem seus próprios organismos movidas pela gula e porque não sabem da necessidade de uma alimentação adequada. Assim, o fígado é freqüentemente forçado a trabalhar demais. Maneiras eficazes de ajudar o fígado são praticar respiração profunda, comer com moderação e manter uma dieta leve e saudável, sem excesso de gorduras. Beber bastante água é útil. E meditar diariamente no centro de paz presente em nossa consciência é bom para o fígado, como é bom para os rins, o coração e todas as partes e células do corpo.

Segundo a medicina tradicional chinesa, o fígado é o grande gerador de forças, o criador da raiva, da coragem e das virtudes do guerreiro. Ele é associado às vezes à natureza inferior e às qualidades menos nobres da personalidade. A médica Miriam Alberti, estudiosa da medicina tradicional chinesa, destaca que o fígado também trabalha para produzir a harmonia das emoções. Quando não está sobrecarregado e tem boas condições de trabalho, o fígado consegue manter o sangue puro. Ele é ajudado nisso pelos rins e por toda a *equipe de transmutação química* do nosso organismo. Desse modo o coração e o cérebro são beneficiados, e a vida espiritual se torna mais fácil, porque dispõe de uma base física estável e eficiente.

O fígado está simbolicamente associado às provações do caminho espiritual. No mito de Prometeu, o herói rouba o fogo divino de Zeus, ativando a espiritualidade humana, mas passa a ter seu fígado devorado todos os dias por uma águia. O significado esotérico da história inclui o fato de que, quando você se conecta com a energia divina, deve pagar o preço correspondente em termos de purificação pessoal, tarefa chefiada no plano físico pelo fígado. No caso da gula, por exemplo, é um problema emocional – a busca cega de prazer físico imediato – que acarreta um problema físico, um fígado sobrecarregado de trabalho, o que repercute não só sobre a função dos rins, mas sobre a qualidade da vida em geral.

Os dois rins trabalham como analistas químicos e são responsáveis diretos pela qualidade do sangue. Eles filtram constantemente o sangue, eliminando pela urina o que é inútil ou nocivo. Simbolicamente, os rins estão associados à força e à resistência diante das adversidades. O rim deficiente produz a emoção do medo, explica Miriam Alberti. Os cachorros – e também algumas crianças pequenas – se urinam de medo.

A filosofia esotérica identifica pelo menos duas *árvores* simbólicas trabalhando em conjunto no corpo humano. Como se sabe, o tema da árvore está presente em todas as tradições religiosas. Nos mitos das diferentes culturas, a *árvore da vida* tem suas raízes no alto, no divino, no Sol ou no céu. Assim, a vida do corpo humano também tem suas pequenas árvores. Uma delas é o sistema nervoso, que está presente em todo o organismo, mas cuja *raiz* é o cérebro. Por essa *árvore* corre uma energia eletromagnética, uma substância da luz astral.

A outra árvore é formada pelas ramificações do sistema circulatório, cuja raiz é o coração. Por ela corre a energia vital. Para a sabedoria esotérica, o fenômeno da vida humana e animal é precisamente a reunião do princípio vital, *prana*, administrado pelo coração, com o princípio elétrico-magnético, administrado pelo cérebro. O coração e a mente governam a vida. O cérebro capta e produz eletricidade vital no alto do corpo e a transmite para provocar e estimular as transmutações da vida biológica. Ao mesmo tempo, o *prana* é captado pelo aparelho respiratório e colocado à disposição de cada célula pelo "departamento de circulação" do organismo, que também recolhe mensagens e detritos por onde vai passando. É no sangue que a vida se renova a cada segundo.

Ao contrário de uma religiosidade desinformada, que despreza a vida física, a sabedoria divina não vê a vida espiritual como algo divorciado do corpo material. O estudante de teosofia vê o corpo como um processo espiritual – e busca agir à altura dessa percepção. Tudo está interligado, e o estudo do sistema endócrino mostra como se dá a relação viva entre o mundo físico e o mundo sutil.

Uma glândula é qualquer órgão que produz uma substância. Se a substância produzida vai para atividades relativamente externas, como é o caso da bílis, da saliva e do suor, a glândula é chamada de *exócrina*. Mas se a substância vai para o sangue, ela é chamada de *endócrina*. O sistema endócrino é o conjunto das glândulas que lançam hormônios no sangue. A palavra *hormônio* vem do grego e significa "mensageiro". Através dos seus "mensageiros", as glândulas endócrinas regulam quimicamente as funções do corpo.

Para a sabedoria esotérica, elas são uma verdadeira *hierarquia oculta* funcionando no corpo humano. Trabalham como uma equipe entrosada. Não por acaso a ciência engatinha no seu estudo: o segredo da vida passa pela compreensão do funcionamento delas.

A mais conhecida das glândulas endócrinas é a tiróide. Situada no pescoço, logo abaixo do pomo-de-adão, ela regula a velocidade e o ritmo geral do metabolismo – o conjunto dos mecanismos bioquímicos. Sua atividade tem influência também sobre a atitude geral diante da vida, o funcionamento da mente e o ritmo cardíaco.

Para o notável estudioso de tradições esotéricas Manly P. Hall, a tiróide produz além disso a ligação entre pensamentos e sentimentos. Ele escreve:

"Localizada no que Platão chama de istmo entre o corpo e a cabeça, a tiróide é a mediadora entre as emoções e os pensamentos, o denominador comum entre a vida animal e a vida intelectual".[6]

Consultei a respeito a médica endocrinologista Maria Isabel Carneiro Travi. Profissional experiente, ela informa que a maioria das doenças de tiróide é provocada por problemas emocionais, freqüentemente traumas. Mas admite: a medicina convencional ainda desconhece a idéia de que a tiróide faz uma ligação entre pensamentos e emoções.

É natural que ocorra esse desconhecimento. Afinal, a medicina só lentamente se reencontra hoje com algumas das

---

[6] *Man, The Grand Symbol of the Mysteries*, obra citada, p.352.

melhores tradições de sabedoria. Além disso, em alguns casos não é fácil atribuir responsabilidades específicas e isoladas a essa ou aquela parte do corpo, já que as funções de vários órgãos e glândulas são exercidas interativamente, em um complexo *trabalho de equipe*.

Outras glândulas endócrinas são as quatro paratireóides, as supra-renais e o timo, além dos ovários, na mulher, e dos testículos, no homem. O sistema endócrino está organizado como uma orquestra, e os estudiosos usam a palavra *mestre* para designar a glândula que, aparentemente, comanda o espetáculo: a hipófise ou corpo pituitário, situada no centro do crânio, na altura da ponta do nariz. Ela manda mensagens bioquímicas de comando para as outras glândulas endócrinas. Segundo a sabedoria esotérica, a hipófise ou pituitária trabalha para *Antahkarana* – a ponte entre o eu imortal e o eu terrestre – assim como a tiróide ajuda a fazer a ponte entre emoções e pensamentos.[7]

Há, porém, uma glândula que comanda a própria hipófise, segundo os sábios orientais. Trata-se da glândula pineal, que é a sede da visão intuitiva e o instrumento mais elevado da alma imortal. Para René Descartes, o filósofo francês do século 17, "a glândula pineal é a sede da alma". A citação é de Helena Blavatsky, que acrescenta: "Embora a Alma esteja unida a todas as partes do corpo, segundo o filósofo, há uma parte especial do corpo em que a Alma exerce suas funções

---

7 Sobre a relação específica da hipófise ou corpo pituitário com *Antahkarana*, veja a obra *Collected Writings of H.P. Blavatsky*, Theosophical Publishing House, Wheaton, EUA, volume 12, 1980, p. 697. Ali Blavatsky estabelece também uma relação direta entre a glândula pineal e o despertar de *Buddhi*, o sexto princípio da consciência humana. Vale a pena mencionar ainda o importante livro que o autor teosófico Geoffrey Barborka escreveu sobre o lado oculto do sistema endócrino: *Man's Potent Force*, Greenwich Book Publishers, 1956, Nova Iorque, EUA, 82 pp.

mais do que em qualquer outra. (...) Ele concluiu que é aquela pequena glândula (...)".[8]

A pineal tem uma estreita relação com o sexto princípio, *Buddhi*. De acordo com a sabedoria esotérica, a pineal faz a ponte entre o mundo objetivo e o mundo subjetivo. Com o tamanho de uma ervilha, localizada a pouca distância da hipófise, essa glândula é a sede da percepção intuitiva, da "visão divina" ou do "terceiro olho" de uma raça humana muito antiga. Quando um ser humano aprende a comandá-la, o que ocorre muito raramente, ele pode comandar também, conscientemente, o metabolismo do seu corpo. Blavatsky escreveu, nas instruções para os seus discípulos da Seção Esotérica da Sociedade Teosófica, que a pineal "é, até hoje, o principal e mais destacado órgão da espiritualidade no cérebro humano, a sede do espírito, o *Sésamo* mágico pronunciado pela Vontade purificada do místico, e que revela todas as dimensões da verdade para aquele que sabe usá-lo."[9]

O que fazer enquanto não chegamos a esse ponto da nossa evolução? A qualquer momento, qualquer pessoa pode colaborar com o trabalho do seu sistema endócrino. São recomendáveis a prática regular da meditação e a leitura calma de bons textos sobre a sabedoria da vida. A auto-observação atenta, feita do ponto de vista do potencial divino presente em cada ser humano, é outro item de importância. Na prática da auto-observação, o estudante da sabedoria identifica seus erros sem autocondenação ou autojustificação e decide serenamente corrigi-los, tanto na vida externa como na vida interior.[10]

---

8 *A Doutrina Secreta*, de Helena Blavatsky, Ed. Pensamento, SP, volume III, p. 316.

9 *Collected Writings of H. P. Blavatsky*, Theosophical Publishing House, Wheaton, EUA, volume 12, 1980, p. 619.

10 As práticas da meditação e da auto-observação são abordadas amplamente em meu livro *O Poder da Sabedoria*.

Os significados ocultos do imenso laboratório vital que é o corpo humano podem estimular uma avaliação mais séria da nossa atitude diante da vida. Os ensinamentos espiritualistas são unânimes em afirmar que o corpo físico é a casa que a alma habita. Mas freqüentemente esquecemos que cada célula e cada órgão dessa casa viva são dotados de uma inteligência ativa e trabalham o tempo todo para o nosso bem-estar. Pessoalmente, sinto uma misteriosa gratidão por tantas inteligências que operam para proteger-me das conseqüências dos erros que cometo e das dificuldades que enfrento na vida, à medida que respiro, trabalho, caminho e tenho emoções. O sentimento de parceria consciente com todas as inteligências vitais que tornam possível a saúde do nosso corpo nos torna mais sensíveis à necessidade de dar *boas condições de trabalho* às nossas células, pulmões, coração, estômago, rins e outros órgãos. Isso é tão importante para a vida espiritual quanto é necessário para a vida material.

A harmonização de céu e terra na vida humana não é um fato isolado, mas integra a agenda da evolução humana para o terceiro milênio. A questão atual dessa agenda é a recuperação da paz interior e da unidade consciente com toda a vida. Esse é o estágio que a humanidade deve atingir, e está atingindo, agora. E quando sintonizamos nossa energia pessoal com a vitória da verdade e da vida, o vasto ecossistema do nosso corpo funciona melhor, assim como o nosso sistema emocional. E fica mais fácil renunciar ao que é ilusório ou tem importância secundária.

Parte Três

O Caminho da Renúncia às Ilusões

O Céu é eterno e a Terra duradoura. Eles são duradouros e eternos por não viverem para si mesmos. Isto os faz viver eternamente. Assim também é o Sábio; por menosprezar o seu eu, este aparece em primeiro plano. Ele renuncia ao seu eu, e a sua essência é preservada.

Tao Te King, de Lao-tzu[1]

---

[1] Na versão de Richard Wilhelm, Ed. Pensamento, SP. Ver capítulo VII, p. 43.

15

Aprendendo Com a Desilusão

Nas duas partes anteriores desse livro, vimos como é possível agir com rigor e sabedoria e conhecer melhor a nós próprios. Discutimos o fato de que o verdadeiro autoconhecimento só é possível quando abandonamos os dogmas e aprendemos a investigar a verdade por nós próprios. Agora, na terceira parte da obra, vamos enfrentar a questão das renúncias, das perdas, e da elevação da consciência humana até a consciência divina.

As desilusões fazem parte da vida. Elas podem causar um longo sofrimento quando nos recusamos a aceitar a realidade, mas abrem espaço para uma grande bênção quando aceitamos os fatos e tiramos as devidas lições deles. A nossa atitude faz predominar um ou outro pólo da equação que reúne sofrimento e sabedoria. É ao longo do tempo que ganhamos experiência e afastamos as ilusões. Então a sabedoria cresce e o sofrimento perde importância em nosso aprendizado. Finalmente, surge a consciência da presença divina e a iluminação espiritual nos traz uma paz interior feita de felicidade incondicional.

OooO

Somos obrigados, constantemente, a abrir mão do que queremos e a enfrentar desilusões. A vida arranca de nós pessoas e coisas que amamos e às quais nos agarramos, em alguns casos de maneira desesperada.

A aceitação da perda, quando acontece, é uma forma de renúncia. As coisas da infância se vão, nossos avós e nossos pais morrem, amores e entusiasmos se perdem no tempo. Experiências e situações em que somos felizes não podem ser eternizadas. Um dia teremos que renunciar ao nosso corpo atual e à vida no mundo físico.

O caminho da renúncia, como uma parte definida do aprendizado espiritual, consiste em tomar a iniciativa e gradualmente abrir mão, por decisão própria, das comodidades e dos apegos da vida, no plano material (excesso de conforto e segurança), no plano emocional (amores e rancores) e também no plano mental (opiniões e idéias fixas). Esse ato soberano e autônomo abre o caminho do êxtase e da plenitude.

No aprendizado, a cada atitude firme corresponde uma flexibilidade igual e contrária. Se o buscador se agarra incansavelmente à lei universal e à sabedoria, ele deve, na mesma medida, abrir mão inevitavelmente de tudo o que não se harmoniza com a sabedoria e a lei universal. Obter e renunciar são duas polaridades inseparáveis, presentes em todos os momentos da vida. Nunca é possível obter algo se não houver uma renúncia correspondente. Sempre que há uma renúncia, ou mesmo uma perda, algo é obtido em troca, ainda que isto ocorra de modo espontâneo e não-buscado. No mínimo uma lição, uma paz interior, uma reconciliação com a realidade maior.

Através da renúncia desfazemos o muro do egoísmo ao nosso redor e partilhamos da vida em sua plenitude. Abandonando o apego, temos acesso, gradualmente, a tudo o que há no universo. *Imitação de Cristo,* um clássico da mística cristã, afirma:

"Se o homem der toda a fortuna, não é nada. E se fizer grande penitência, ainda é pouco. Compreenda todas as ciências, e ainda está muito longe. E se tiver grande virtude e devoção ardente, muito ainda lhe falta, a saber: uma coisa que lhe é sumamente necessária. Que coisa será esta? Que, tendo deixado tudo, deixe também a si mesmo e saia totalmente de si, sem reservar amor-próprio algum, e, depois de ter feito tudo o que soube fazer, reconheça que nada fez. (...) Ninguém é mais poderoso, ninguém mais livre que aquele que sabe deixar-se a si e a todas as coisas e colocar-se em último lugar." [1]

E São João da Cruz ensinou:

"Para mortificar e pacificar as quatro paixões naturais que são o prazer, a esperança, o medo e a dor, de cuja harmonia surgem inumeráveis bens, trazendo à alma grande merecimento e muitas virtudes, o remédio universal é o seguinte: 'Procure sempre inclinar-se não ao mais fácil, mas ao mais difícil. Não ao mais saboroso, mas ao mais insípido. Não ao mais agradável, mas ao mais desagradável. Não ao descanso, mas ao trabalho. Não ao mais, mas ao menos. Não ao mais alto e precioso, mas ao mais baixo e desprezível. Não a querer algo, mas a nada querer'."[2]

---

1 *Imitação de Cristo,* de Tomás de Kempis, Editora Vozes, Petrópolis, RJ, 1993, p. 88.

2 *São João da Cruz, Obras Completas,* Ed. Vozes, Petrópolis, RJ, 1149 pp., ver p. 181

Para os taoístas, o Tao não é apenas o princípio supremo do cosmo, mas também da terra e de cada ser humano. É a fonte do equilíbrio interior e da harmonia. Chamando o Tao de Caminho, o *Wen-tzu,* obra clássica do taoísmo filosófico, aborda assim o paradoxo da renúncia/plenitude:

"O Caminho tem uma natureza tal que se pode avançar através de um recuo, é possível ser honrado mantendo flexibilidade, é possível ser elevado adotando uma posição inferior, é possível alcançar a plenitude diminuindo a si mesmo, é possível ser completo falando de seus próprios defeitos, é possível ser novo e inovador sendo obscuro e anônimo, é possível ser bom através da visão dos seus próprios erros. O Caminho não força nada, mas não há nada que ele não faça."[3]

É a renúncia que leva à plenitude, assim como a flexibilidade permite a firmeza. O que é pensar nos outros, exceto renunciar a si? O que é meditar, se não renunciar ao pensamento? O que é o nirvana, o êxtase supremo, a não ser a ausência de desejos?

Quando você se esvazia das coisas inferiores, fica pleno das coisas superiores. Quando não busca mais agarrar coisas para você, elas ocorrem naturalmente em sua vida. E novos níveis de renúncia no plano externo produzem, gradualmente, novos níveis de plenitude interior. Mas não existem somente renúncias feitas voluntariamente. Há renúncias que somos forçados a fazer, como as provocadas por decepções e desilusões.

O o o O

Estamos rodeados por todos os lados de uma estranha mistura de verdade e ilusão. A lei da vida estabelece que a ilusão é uma tinta ou camuflagem cuja função é encobrir a verdade apenas de quem não está pronto para ela.

---

[3] *Wen-tzu, A Compreensão dos Mistérios,* de Lao-tzu, versão de Thomas Cleary, Ed. Teosófica, 2002. Veja o último parágrafo do capítulo 155.

E muito poucos estão. Por isso o bom discernimento é uma ferramenta de trabalho absolutamente essencial na longa busca do equilíbrio interior.

De fato, só pode haver sabedoria se formos capazes de distinguir o que é verdadeiro do que é falso. E não basta diferenciar um do outro intelectualmente. É preciso também optar de fato pelo que é verdadeiro. Renunciar à falsidade e ao erro é difícil, especialmente quando eles são agradáveis a curto prazo ou constituem as opções mais fáceis e automáticas. Por isso, subconscientemente, gostamos de alimentar ilusões e boicoteamos nossos próprios esforços para encontrar a verdade.

Todo ser humano saudável busca diminuir a quantidade de ilusões em sua vida. Mas nem sempre ele tem força para avançar com rapidez e dizer: "Bem-vindas as desilusões!" O apego às mentiras que armamos para nós mesmos é tão grande que alguém costumava rezar todas as noites do seguinte modo: "Ó Deus, dê-me pureza e honestidade, mas não agora!" Para alguns, inclusive, as palavras "mas não agora" nem precisam ser ditas. Ficam implícitas em suas orações.

Queremos viver com sabedoria, mas nem sempre estamos dispostos a abandonar a ignorância. A cada verdade que descobrimos, surge uma desilusão de igual tamanho, para a qual podemos não estar preparados. Queremos abrir espaço para a verdade, mas as ilusões são coisas vivas e se comportam como parasitas inteligentes que não gostam de ser ignorados. A maldade sempre fica ofendida pelo que é bom, e costuma causar grandes tempestades nas ocasiões em que se sente abandonada. Quando se trata de verdades pequenas, é mais fácil absorvê-las e evitar uma crise. Mas reexaminar os alicerces da nossa estratégia de vida, buscando apenas a verdade, causa surpresas. É como caminhar sem muletas. Requer doses mais altas de coragem.

Somos seres incompletos e "em construção". Para nós, portanto, a verdade não é algo pronto e acabado. Ela é um esboço do presente e um projeto de futuro, uma semente, algo que devemos criar com a força decidida da nossa vontade. O terreno em que avançamos é incerto e tudo na vida pode ser enganoso. As fronteiras entre sonho, realidade, fantasia e ilusão não estão bem demarcadas. Talvez possamos dizer que a diferença entre o sonho e a ilusão é que o sonho tem uma chance real de ocorrer, dependendo do nosso esforço e do nosso talento, e a ilusão é apenas uma fuga e uma distorção da realidade. Mas como diferenciar os dois, na prática? Quantos sonhos se revelam ilusões depois de duros esforços feitos durante muito tempo? E quantas coisas consideradas impossíveis se tornam realidade?

Também é errado pensar que os nossos sonhos perdidos não passaram de ilusões. Do ponto de vista da ciência esotérica, não há esforço perdido. Cada tentativa feita tem um efeito positivo – proporcional à sua intensidade – na direção geral do que foi desejado. Assim, um esforço aparentemente perdido no plano visível da vida é, no mínimo, uma preparação para uma vitória mais adiante, nesta existência ou não. A vida é complexa e nada pode ser visto de um único ponto de vista. O que podemos fazer, se tivermos suficiente honestidade, é diminuir a ilusão e aumentar a margem de acerto nos diferentes aspectos da nossa vida. Não há limites fáceis e óbvios entre realidade e ilusão. As tentativas de demarcar externamente a verdade trazem consigo o processo duplo de ilusão e desilusão. Os sistemas ideológicos, políticos, religiosos e científicos que ainda são primários e estreitos apresentam sua descrição da verdade e dizem: "Este é o caminho. Nosso discurso é autêntico e não tem falhas. Fora destes limites estão a mentira e a ilusão."

Esse tipo de esquema de referência nos oferece um certo sentimento de certeza e segurança. Mas também pode colocar-nos uma venda nos olhos para que não enxerguemos outras coisas, que nos fariam questionar a sua suposta infalibilidade. Em cada ideologia parece haver a possibilidade de esquecer um fato essencial: que a verdade é um processo aberto, ao mesmo tempo mutável e eterno, sempre surpreendente, nunca controlável por sistemas burocráticos de crença organizada. No século 21, esse fato será reconhecido de modo cada vez mais amplo.

Naturalmente, não é possível caminhar até a verdade com muletas. Tampouco podemos alcançá-la sem tropeços, tombos e arranhões. Se a vida não se encarregasse de causar desilusões, não cresceríamos. Pode ser uma pessoa em quem confiávamos que nos decepcionou, ou alguma pessoa amada que inconscientemente considerávamos imortal e a vida arrancou de nós. A decepção pode ser com nós mesmos ou com um colega de trabalho. Pode ser com um técnico de futebol ou um político. Quando não há muletas, os tombos fazem parte da caminhada. Quem tiver forças receberá com um sorriso as decepções e os desenganos. O desafio de deixar que caiam as máscaras e aparências falsas está diante de nós em tudo o que fazemos, inclusive no caminho que leva a uma paz interior inabalável.

Há ilusões de todo tipo. Algumas delas são pessimistas, outras otimistas. É fundamental, porém, ter sempre claro que pessimismo nada tem a ver com realismo. De fato, as piores ilusões são as que levam ao desânimo. Porque é mais fácil cair na realidade vindo de um exagero otimista do que voltar à realidade saindo do poço do pensamento negativo. Assim, é melhor errar por exagerar o lado bom do que errar por exagerar o lado mau das coisas.

Há ilusões coletivas que pairam no ar e podemos absorver inconscientemente. São falsidades culturais mais ou menos estabelecidas, que é possível identificar e rejeitar. Vejamos alguns exemplos práticos.

1) "Há apenas paz e amor no caminho espiritual". O zen-budista Shundo Aoyama escreveu: "O nascimento, a velhice, a doença e a morte, assim como a felicidade, a infelicidade, o ganho e a perda, todos esses fatores são instrumentos importantes para construir o tecido da vida humana. Uma vida não pode ser construída apenas com a cor da felicidade"[4]. Essa é uma lei infalível.

2) "Temos a obrigação de experimentar sempre sentimentos maravilhosos durante nossas meditações". Na verdade, como ensinou Charlotte Joko Beck, "a meditação não é ocasião para bem-aventurança e relaxamento, mas um forno para queimar as nossas ilusões egoístas"[5]. Quando sentamos, imóveis, para buscar a verdade interior, podemos ser assaltados por dúvidas, ansiedades e outras movimentações da ignorância. Dessa tensão surgem um atrito e um fogo que queimam as ilusões do nosso eu pessoal, tornando-o digno de contemplar a verdade. Assim, a perseverança é essencial para que a meditação produza a mudança.

3) "A caminhada espiritual é apenas pessoal e subjetiva, nada tendo a ver com os outros ou com o mundo externo". O monge zen Thich Nhat Hanh considera que "os instrutores espirituais que não dão atenção aos problemas do mundo, como fome, guerra, opressão e injustiça social, não compreenderam bem o significado do budismo mahayana. "Naturalmente", diz ele, "devemos praticar a atenção na respiração, a meditação e o estudo das escrituras, mas qual é o sentido de fazer essas coisas? É estar atento ao que ocorre dentro de nós e no mundo. O que ocorre no mundo também ocorre dentro de nós, e vice-versa. Uma vez que vejamos isso claramente, não nos recusaremos a tomar posição ou a agir

---

4 *365 Zen Daily Readings,* obra compilada por Jean Smith, HarperSanFrancisco, EUA, 1999, 392 pp., ver p. 337.

5 *365 Zen Daily Readings,* obra citada, p. 105.

(...). Se não pudermos ver o que está ocorrendo ao nosso redor, como poderemos enxergar nossa própria natureza? Há uma relação entre a natureza do eu e a natureza do sofrimento, da injustiça e da guerra."[6]

4) "Nossos pensamentos e emoções são separados do nosso corpo físico". Discutimos mais detalhadamente a unidade inseparável da vida física e da vida espiritual no capítulo 14, *O Corpo Inseparável da Alma.* Basta mencionar, aqui, a grande quantidade de ilusões, desajustes emocionais e fracassos espirituais que resulta da visão do caminho espiritual como algo que nega o corpo físico, ao invés de conhecê-lo e usá-lo adequadamente. A alimentação, a respiração, a circulação do sangue, o trabalho do rim e do fígado, os relaxamentos e as tensões musculares são retratos dinâmicos que expressam no mundo físico o que vai pela nossa alma. Por sua vez, as posturas e os processos corporais têm forte influência sobre nossas atividades mentais e emocionais. Você pode fazer uma experiência prática e comprovar isso neste exato momento. Faça uma pausa. Erga os braços, com as mãos fechadas sem tensão, até que elas fiquem um pouco acima dos ombros, e as leve para trás o mais possível sem que haja desconforto. A sua coluna vertebral ficará comodamente ereta. Ao mesmo tempo, respire de modo suavemente profundo. Feche os olhos durante aproximadamente um minuto, repetindo algumas vezes, lenta e amorosamente, com um sorriso nos lábios: **"Eu estou em harmonia com a paz que governa o universo".** Há uma relação direta entre a postura do tórax e os estados de consciência. Os ombros abertos e a respiração profunda dão confiança em si mesmo e na vida. Depois de cerca de um minuto, encerre o exercício e observe o fluxo da sua energia física, emocional e mental.

---

[6] *365 Zen Daily Readings,* obra citada, p. 106.

Notará uma diferença. Repita o exercício, se quiser, parando cada vez antes que o cansaço causado pelos braços erguidos seja grande.

5) **"O caminho espiritual é feito de fé e de crença".** Grave engano. A crença em algo que não podemos verificar por nós mesmos reduz a nossa capacidade de perceber a realidade e fecha nossa mente para o que é novo. Os caminhos que levam à paz interior são feitos de perguntas e de tentativas. A convicção é um péssimo critério para julgar a verdade. Os autoritarismos, religiosos ou não, plantam falsas certezas e exigem "fé" e "confiança" dos seus seguidores. Os sistemas corretos de liderança, baseados na democracia e na comunhão fraterna, fazem da transparência e da vigilância coletiva a sua característica central. A verdadeira fé e a verdadeira confiança surgem de dentro para fora, como vimos no capítulo 10, *Uma Carona Impossível.* Elas não são resultado de propaganda ou de pregação, e não têm medo do exame crítico, mas, ao contrário, testam sua força enfrentando de boa vontade os desafios da vida.

Muitos outros exemplos de ilusão podem ser encontrados dentro e fora de nós. Os caminhos que levam à paz interior são, na prática, as maneiras pelas quais cada um de nós decide aceitar a destruição das suas ilusões e adequar a sua vida prática à lei da verdade. A sabedoria espiritual não é um dogma em que se deve acreditar, mas uma ciência prática a testar e aplicar no laboratório da vida diária, à medida que a ignorância é dolorosamente reconhecida como tal. Felizmente, há uma bênção escondida em cada desilusão, e um alívio maior surge depois de cada sofrimento nosso.

Um Brinde às Desilusões

Sente-se em local de ar puro com meio copo de água ao alcance da mão. Coluna ereta, mãos nos joelhos, respire calma e profundamente. Desligue-se de tensões e preocupações de curto prazo. Pense por um instante no fato de que no centro da nossa galáxia existe, há bilhões de anos, uma quantidade enorme de luz e paz, bem maiores que as preocupações de qualquer habitante deste nosso pequeno sistema solar.

Depois reveja as suas principais decepções até hoje. Diga, sorrindo: "Muito obrigado a vocês, desilusões. Voltem sempre. Apresentem-se com caras novas, de modo inteiramente inesperado, trazendo-me cada vez mais conhecimento da vida e mais liberdade. Bem-vindas! Através de vocês, sou treinado pela grande escola espiritual que coordena a evolução da vida humana. Eu me aproximo desta escola à medida que aprendo com vocês e me aperfeiçôo."

Erga o copo d'água, beba, num brinde interior que celebra seu aprendizado, e continue: "Lamento não me haver desiludido mais, para que pudesse ser ainda mais livre, hoje; mas agradeço tudo o que fizeram por mim". Sorria para suas dificuldades, humilde e vitoriosamente. Deseje o bem a todos os seres. Conclua a meditação sem pressa, percebendo a sensação de liberdade que está ao seu alcance.

16

A Aceitação do Silêncio

Um instrutor escreveu que o lema de todo conhecedor da sabedoria eterna é: "Ousar, querer, agir e permanecer em silêncio". Os budistas ensinam: "Melhor que mil palavras sem sentido, é uma só palavra sensata, capaz de trazer paz àquele que a ouve." Para a filosofia esotérica, quando não se tem nada de útil a dizer, deve-se guardar um nobre silêncio.

De fato, o essencial é invisível aos olhos. Não pode ser descrito por palavras nem captado pelos cinco sentidos. A arte de perceber a verdade deve ser praticada em silêncio. Ela inclui uma sintonia magnética e uma identidade interna entre o observador e a coisa observada. Mas nem sempre aceitamos o silêncio. Freqüentemente fugimos dele através de vários tipos de ruídos e distrações.

OooO

Todos os processos físicos, psicológicos e espirituais da vida são eletromagnéticos. Cada um de nós funciona como uma bateria que capta, produz, transforma, guarda e emite, a cada instante, energias elétricas e magnéticas de vários tipos. Quando dispersamos essa energia vital, perdemos nosso eixo de equilíbrio, somos carregados pela agitação e sentimos uma insatisfação permanente. Mas quando preservamos o magnetismo – renunciando a ações confusas e a desejos desordenados – encontramos a paz da felicidade.

Quem busca o equilíbrio interior tem fortes motivos para evitar não só o excesso de ruídos físicos, mas também os barulhos emocionais e mentais. A prática do silêncio aumenta o magnetismo pessoal e o poder interior, assim como o barulho e a conversa fútil dissipam energia vital e força magnética. Cada palavra vã ou ociosa que pronunciamos nos prejudica. Cada palavra correta que dizemos e cada silêncio adequado que fazemos nos beneficiam.

A prática do silêncio e da palavra correta não é algo simples. Constitui uma ciência a ser buscada e praticada a vida toda. Nem sempre o silêncio anda junto com a sabedoria: às vezes ele expressa apenas ignorância. O silêncio também pode ocultar a verdade. Pode ser uma forma de mentir, de obedecer ao sentimento de medo, de omitir socorro ou fugir da solidariedade. Se calamos por egoísmo ou por temor, devemos desenvolver qualidades como coragem e lealdade, e aprender a falar sempre a verdade. Mas se somos sinceros, devemos estudar a próxima etapa, que é o silêncio do sábio.

Um primeiro passo pode ser aprender a identificar os vários tipos de silêncio que as pessoas praticam. Há um silêncio decidido, e outro indeciso. Há um silêncio seguro e outro inseguro; um silêncio eloqüente e outro silêncio que não quer dizer nada. Há um silêncio poderoso e outro destituído de poder. Um silêncio transmite amor e admiração, e outro significa indiferença. E existe um silêncio em que teríamos muito o que dizer, mas no qual decidimos manter concentrada e estocada a energia. "Não degrade a verdade impondo-a a mentes que não a desejam", escreveu um instrutor espiritual[1]. A teosofista indiana Radha Burnier disse, em uma palestra, que aquilo que se cala é tão importante quanto aquilo que se fala. Mas é preciso estar interiormente silencioso e atento para perceber – e merecer perceber – o que está implícito nas palavras e atitudes dos outros.

Há o silêncio precário e instável de quem reprime um sentimento muito forte de amor ou ódio. Os sentimentos são como água. É perigoso reprimi-los. Melhor canalizá-los de modo útil, em um nível superior, assim como uma barragem hidrelétrica pode transformar a força bruta das águas de um rio em energia elétrica útil e dócil.

Algumas pessoas escondem seu silêncio sob um mar de palavras sem significado. Esse "silêncio falado" é uma maneira barata de roubar energia magnética do outro. Uma boa parte dos políticos profissionais e outras pessoas que se julgam espertas pratica esta antiga arte de falar sem dizer nada. Os partidários desse tipo de silêncio podem adotar um ar de importância, ou assumir uma expressão externa de grande sinceridade – conforme o caso – para então falar coisas absolutamente óbvias e sem significado.

Nem sempre a arte de falar sem dizer nada é um roubo de energia magnética. Também pode ser uma maneira dinâmica de manter o silêncio interno enquanto se quebra o gelo de um relacionamento e se mantém uma postura amável diante de outra pessoa. Apesar disso, em geral, é melhor ficar quieto do que falar em vão. Não é certo usar palavras como cortina de fumaça. A felicidade interior é produto da sinceridade. A

---

[1] *Cartas dos Mestres de Sabedoria,* editadas por C. Jinarajadasa, Ed. Teosófica, Brasília, 1996, 295 pp., ver p. 51.

esperteza com as palavras e a manipulação dos sentimentos alheios é fonte de sofrimento para si mesmo e para os outros. A prática da veracidade é uma exigência do caminho espiritual. Ao mesmo tempo, deve ser exercida com bom senso. A auto-entrega total, quando não está acompanhada de discernimento, moderação e abstenção de exageros, é algo que caracteriza mais os tolos do que os sábios.

O estoque de magnetismo pessoal aumenta quando a pessoa se abstém de alimentar desejos e sentimentos sem uma intenção definida ou um objetivo claro. A prática dessa abstenção desenvolve a vontade e a paz interior. Por outro lado, há situações que podem quebrar o equilíbrio interno e retirar força magnética positiva, atraindo magnetismos inferiores. Um exemplo claro disso é o que ocorre com as propagandas de televisão. O pobre espectador passivo é levado a desejar coisas injustas, inúteis, equivocadas e prejudiciais. O mesmo ocorre em filmes que estimulam sentimentos inferiores como ódio e luxúria. As emoções são violentamente desorganizadas, e a pessoa perde magnetismo vital, embora, na maior parte dos casos, não perceba o fato conscientemente.

Milhões de pessoas buscam refúgio do barulho psicologicamente ensurdecedor das suas próprias emoções desordenadas ligando o rádio, a televisão ou o aparelho de som. Fogem do confronto consigo mesmas distraindo-se com as misérias e os dramas, reais ou imaginários, do mundo externo. Para quem busca a felicidade interior, o autoconhecimento é inevitável. A prática do silêncio começa no plano físico. A abstenção gradual de filmes ou músicas que agitam as emoções, assim como do rádio e de conversas tolas, é um dos primeiros passos. Em seguida o desafio da prática do silêncio se transfere para o plano das emoções e dos pensamentos. O silêncio emocional é a renúncia a todo desejo dispersivo. Ele abre as portas da paz interior. Concentrar-se no que a vida colocou diante de nós é uma atitude sábia. Fazer o melhor que pudermos a cada instante é o segredo da vitória.

O uso do silêncio é, pois, uma arma indispensável para o guerreiro que busca sabedoria. Mas o silêncio não significa, necessariamente, ausência de palavras. O sábio pode praticar um silêncio setorial enquanto convive fraternalmente com as pessoas, evitando pensar ou falar sobre questões pessoais e mantendo seus pensamentos e palavras a uma distância prudente das questões menores. A sinceridade para com todos deve ser exercida em um plano superior, para que não se transforme em um fator de destruição das relações humanas. A impessoalidade produz paz interior, assim como a preocupação consigo mesmo gera ruído emocional. À medida que o silêncio psicológico se amplia em nossa vida, passamos a poder ouvir, no início vagamente, mas com clareza crescente, aquilo que os místicos chamam de a voz do silêncio, o som da nossa alma imortal, a música eterna que nunca cessa e que só não escutamos enquanto nossos ouvidos são tapados por nossa própria agitação pessoal. Quem ouve a voz do silêncio recebe um magnetismo vital de grande poder. Não há fonte de energia maior que o contato com o mundo divino.

Arthur Schoppenhauer escreveu que a inteligência do ser humano parece estar na razão inversa da sua capacidade de suportar barulho. O que o filósofo queria dizer com isso é que a sociedade atual reprime a inteligência espiritual das pessoas. A máquina de circulação de dinheiro não precisa de cidadãos criativos. Ela busca transformar os seres humanos em consumidores ávidos, barulhentos, compulsivos, escravos dos seus desejos, que foram criados artificialmente pela própria máquina. A inteligência espiritual, por outro lado, brilha na razão direta do nosso prazer pelo silêncio – nos planos físico, emocional e mental. O amor e a amizade profundos andam sempre perto da inteligência espiritual. Quando há verdadeira afinidade, as almas se compreendem sem necessidade de muitas palavras. Então o silêncio não causa constrangimento nem precisa ser quebrado com palavras fúteis, porque é cheio de luz e significado.

Há, também, um tipo de silêncio que é feito de resignação. Ele surge da desagradável compreensão de que as palavras são incapazes de traduzir os nossos sentimentos mais nobres e profundos. Em geral, perdemos muita energia tentando expressar o que não pode ser dito com palavras. Jogamos fora grandes quantidades de energia magnética tentando impor aos outros nossas opiniões em discussões intermináveis, até que aceitamos o fato de que as palavras são instrumentos limitados. Elas só podem mostrar algo a quem já tem, dentro de si mesmo, todas as condições de ver aquilo que vemos.

Esse tipo de silêncio nasce como um sinal de modéstia, uma calma aceitação dos nossos limites. Percebemos então que é inútil pretender falar de tudo o que sentimos, dizer tudo o que sabemos ou expressar todas as nossas intuições. O amor sublime e a sabedoria suprema existem no silêncio. Não dão garantia de nada. Eles são sempre mutilados quando os arrastamos para o território das palavras, na tentativa de obter segurança. As palavras podem ir até o nível do supremo, mas o supremo não pode ser trazido para o nível das palavras. As palavras podem navegar no silêncio, e isso é que produz sabedoria. É o medo do desconhecido e o apego à rotina que nos faz exagerar o papel das palavras em nossa vida.

Os pais ensinam aos filhos sobretudo em silêncio, pelo exemplo. Nem sempre os pais são sábios, e muitas vezes os exemplos não são bons. Os instrutores espirituais autênticos falam, e usam palavras escritas, mas sabem que toda transmissão verdadeira de sabedoria é silenciosa e independente do que possa ser dito ou escrito. O zen-budismo afirma expressamente que a sua sabedoria não é transmitida através das escrituras, embora elas sejam instrumentos auxiliares e tenham utilidade para a preparação do aprendiz.

O silêncio é o território da percepção direta e da comunhão. É nele que ocorrem as coisas mais importantes da vida. É sempre em um momento de silêncio que brilham o amor, a compreensão e o relâmpago da intuição. O silêncio físico contém todos os sons, todas as músicas, todos os ritmos, assim como o espaço físico absoluto e infinito contém todas as estrelas, galáxias e planetas. No silêncio psicológico, o meditador e o místico se unem finalmente a seu verdadeiro eu e compreendem todas as coisas ao mesmo tempo.

A experiência e a sabedoria nos ensinam a deixar de lado a vontade de falar de tudo o que sabemos, interiormente, sobre a vida. Não há necessidade de falar com palavras. Melhor do que isso é reter silenciosamente as percepções e aprofundá-las até que elas tenham permeado e transmutado todo o nosso ser. Então as nossas verdades se transmitirão aos outros diretamente pela conduta. A comunicação verbal precoce impede a transformação silenciosa que a verdade produz em nós. Todo discurso emerge de uma prática. Mas nenhum discurso é mais forte que a prática da qual ele emerge. O silêncio nos dá a possibilidade de praticar o que pensamos, ao invés de dispersar energias expressando opiniões.

Ao longo da minha vida, os dolorosos fracassos nas tentativas de comunicar oralmente o que havia de mais elevado em mim me ensinaram que o melhor discurso é feito de ações – e me revelaram o poder do silêncio. Os segredos da vida espiritual são incomunicáveis, quando não podem ser transmitidos em silêncio. Por outro lado, a renúncia à fala preserva a energia sagrada do que foi percebido por nós. A melhor maneira de viver é testando, confirmando e aprofundando a vivência direta das nossas verdades. Com certeza, a fala é útil quando sabemos que será compreendida, pelo menos em parte, pelo nosso interlocutor. Em muitos casos isso não ocorre. Essa "incompreensão", porém, não chega a ser um problema. Afinal, nosso objetivo na vida não é ser compreendidos pelos outros, mas sim compreendermos a nós próprios. Para alcançar essa meta suprema é necessário aprender, simultaneamente, duas outras sabedorias: aquela que nos permite não causar sofrimento, e aquela que nos leva a fazer o bem. É claro, no entanto, que fazer o bem é bastante diferente de parecer amável. Fazer o bem inclui combater mentiras, manipulações e injustiças, e isso é incômodo, embora seja necessário para acelerar nosso crescimento espiritual.

Mesmo incompreendido, o sábio avança pacífica e silenciosamente pela vida. Ele sabe que a incompreensão não é exclusividade sua. Também o tolo e o ignorante são incompreendidos, embora talvez não saibam disso, devido à ilusão em que vivem.

O sábio guarda o silêncio dentro de si em todas as ocasiões, inclusive nas mais desafiadoras. Ele se emociona, sim. Ele expressa seus sentimentos, luta, se esforça, é derrotado e vence. O que o diferencia é que seus objetivos são altruístas. Por isso o silêncio está ali o tempo todo ao lado dele, aconselhando-o. Ele não obedece a emoções turbulentas como ansiedade, irritação e medo. Ele sabe que amar é melhor que ser amado, e compreende silenciosamente o universo, assim como conhece a si mesmo.

Um Poema de Sri Aurobindo[1]

A Infinitude do Ser

Tornei-me o que era antes de haver o tempo.
Um toque secreto aquietou meus sentidos:
Todas as coisas criadas pela Mente passaram
A um magnífico vazio silencioso.

Minha vida é um silêncio preso por mãos atemporais;
O mundo afundou em um olhar imortal.
Meu espírito tirou as suas máscaras,
Estou sozinho com meu próprio ser no espaço.
Meu coração é um centro de infinitude,
Meu corpo apenas um ponto na vasta expansão da alma.
O abismo enorme de todos os seres está desperto sob mim,
Ele que um dia esteve dominado por uma gigantesca Ignorância.

É minha uma imensidão sem instantes, pura e nua,
E posso alcançar a eternidade de todos os lugares.

---

[1] Sri Aurobindo foi um dos grandes místicos e instrutores indianos do século 20. Traduzo este poema da obra *Collected Poems, The Complete Poetical Works,* de Sri Aurobindo, edição do Sri Aurobindo Ashram, Pondicherry, Índia, 1972, p. 142.

17

Ouvindo a Alma Imortal

Cada um é o senhor do seu destino. Mesmo quando nos deixamos carregar pelos acontecimentos externos, é a nossa consciência interior que dá rumo e significado às nossas vidas e ao que nos ocorre. Só quando ela se omite é que avançamos pela vida à deriva, como um tronco de madeira levado pela correnteza.

A consciência interna nos diz que significado devemos enxergar em qualquer coisa que diga respeito a nós, e o que fazer diante de cada situação ou desafio. Superficialmente, esta consciência interior é um amontoado de memórias emocionais, esperanças, condicionamentos. Mas, em um plano mais profundo, ela é sagrada.

Nosso eu superior nos conhece completamente. Ele protege e orienta nosso crescimento espiritual. É nosso mestre. Fala para nós o tempo todo, e temos vários níveis de contato com ele, mas não há rádio, telefone, fax ou programa de computador capaz de captar suas palavras.

É verdade que, meditando ou orando, podemos fazer um exercício de diálogo e conversar mentalmente com os centros de inteligência espiritual que estão presentes dentro de nós. Mas essa prática só será útil se soubermos reconhecer o verdadeiro diálogo silencioso que ocorre por trás das palavras.

OooO

"O caminho de que se pode falar não é o caminho", ensina o taoísmo. A voz da consciência superior flui sem parar – como uma cachoeira de águas límpidas – mas só podemos escutá-la com o coração, e não com os ouvidos. Como se consegue isso? A prática mostra que não é tão difícil como parece. No entanto, quem quiser perceber a luz da intuição precisa deixar de lado, gradualmente, a luta pela afirmação pessoal no mundo dos desejos e das ambições, que traz consigo frustrações e medos inevitáveis.

Não é apenas no meio ambiente físico que há excesso de ruído. Do mesmo modo que as ruas de uma grande cidade recebem a poluição sonora das buzinas e dos roncos de motores, o ambiente interno e o espaço mental de cada cidadão apresenta as suas próprias formas de poluição. No mundo emocional, são os desejos, rancores e outros sentimentos pessoais que podem buzinar em nossos ouvidos ou chocar-se uns com os outros, e que, às vezes, ameaçam passar por cima de nós. Quando tudo isso termina e se estabelece a serenidade, é no silêncio interior que a voz do coração pode ser ouvida.

O aprendizado espiritual não depende de nenhum ritual ou método específico. Ele é o amplo processo pelo qual alcançamos, pouco a pouco, a paz interna, porque percebemos dentro de nós a presença de uma consciência sagrada, ouvimos sua voz sem palavras, e passamos a agir de acordo com o que ouvimos. Esse processo é demorado e cheio de obstáculos, ilusões e armadilhas, mas não existe nada melhor do que ele. À medida que aprendemos a ouvir a voz interior, ela se faz cada vez mais profunda, acompanhando o crescimento da nossa capacidade de prestar atenção ao que é maior – infinitamente maior – do que nós.

"A intuição é um sentimento que surge de dentro para fora, é saber sem recorrer à lógica ou à razão", escreve Elaine de Beauport[1]. Mas essa intuição pode refletir-se em coisas relativamente sem importância. Qualquer percepção extrasensorial ou transmissão telepática pode ser chamada de intuição. A voz interior, no entanto, pertence ao mundo espiritual e não se interessa pelos detalhes da nossa vida externa. A voz do silêncio é a energia que brota do nosso eu imortal e se derrama sobre o nosso eu cotidiano através de *Antahkarana*, a ponte que une o sagrado com o mortal em cada ser humano. "Escuta somente a voz que não tem som", diz *Luz no Caminho*, o grande tratado místico. E o clássico *A Voz do Silêncio*, de Helena Blavatsky, acrescenta que não devemos buscar o mestre nas regiões ilusórias.[2] As duas advertências são essenciais.

Há, de fato, um centro de paz e de orientação espiritual em cada coração humano, e podemos sentir sua presença em nossa consciência interior. Quando acalmamos nossos pensamentos e prestamos atenção a esse centro de paz durante algum tempo, percebemos a sua influência inspiradora. E podemos conversar com ele, como um exercício prático que nos estimulará a reunir forças para trilhar mais rapidamente o caminho espiritual. Não haverá problemas nisso, se tivermos consciência de que essa presença está sempre além das palavras. Devemos saber que toda e qualquer verbalização é um mecanismo precário com que tentamos traduzir o transcendental em termos cotidianos, sugerir o que é indescritível, e

---

1 *Inteligência Emocional, As Três Faces da Mente,* Elaine de Beauport, Editora Teosófica, 1998, 406 pp. Ver p. 94.

2 *Luz no Caminho,* Mabel Collins, Editora Teosófica, ver regra 20, p. 93; e *A Voz do Silêncio,* Helena Blavatsky, Ed. Pensamento, aforismo 29 do primeiro fragmento, p. 49.

trazer para o pobre mundo tridimensional algo do que ocorre em dimensões mais sutis.

O teosofista indiano T. Subba Row, considerado por Helena Blavatsky como alguém que havia avançado tanto quanto ela no caminho da sabedoria, afirmou, no final do século 19, que o *christos* eterno é aquela voz interior que todo o ser humano pode ouvir em sua própria consciência, e que o ajuda nos momentos decisivos.

Mas como podemos alcançar, em termos práticos, a paz interior em que é possível ouvir a voz do nosso eu imortal, ou da sabedoria eterna? Seja qual for o estágio de desenvolvimento pessoal em que estivermos, é possível entrar em contato, agora mesmo, com um certo nível de energia mais próxima do eu superior que a nossa consciência média. Com a prática constante de focar silenciosamente a nossa consciência no que há de mais elevado em nosso interior, esse contato não-verbal será cada vez mais eficiente. As palavras que ocorrerem a você serão suas, mas estarão inspiradas pela meditação.

Você pode sentar neste exato momento com a coluna em posição ereta, respirar fundo durante alguns minutos e deixar de lado toda preocupação com assuntos de curto prazo. E pode perguntar a si mesmo: "o que meu eu superior teria a dizer sobre o rumo da minha vida?"

Pensando sobre a resposta, você pode ter a sensação de que seus problemas perdem importância e se transformam em algo parecido a bolhas de sabão. Você olha para a sua vida e vê as mesmas dificuldades de antes, mas agora elas ganharam um significado positivo como parte do seu aprendizado, e toda a dor psicológica desaparece, no meio da bênção oceânica que é a proximidade com uma consciência muito maior do que a sua. Quando pensamos seriamente em uma consciência divina e sábia, toda dor humana perde importância e podemos enfrentar qualquer obstáculo com facilidade.

Ou talvez você prefira usar o ponto de vista da sua alma imortal para examinar criticamente e fazer o balanço dos êxitos e fracassos de sua vida até este momento. Você pode perguntar a si mesmo por que não obteve mais vitórias pessoais até hoje. Pense, então, qual seria a resposta. O que você considera, de fato, uma vitória? Conquistar fama, poder, conforto ou riqueza material não é alcançar verdadeiras vitórias. Êxito pessoal é obter sabedoria, com base na compreensão da dor.

Você pode usar suas próprias palavras para desenvolver um diálogo particular com sua consciência. Isso pode ocorrer por escrito, em um caderno de anotações separado com esse objetivo, ou mentalmente, como em uma oração silenciosa. O diálogo será um encontro consciente entre dois eus que habitam seu mundo interior.

Um deles falará do ponto de vista da sabedoria divina tal como você a percebe conscientemente no dia de hoje; o outro é aquele *eu* que está preocupado com sua felicidade emocional, sua segurança física e seu conforto material. Esse diálogo será útil, se você tiver claro que ele é um exercício inspirador, mas que a verdadeira energia não está nas palavras e sim no tipo de sensação silenciosa que elas despertam no seu coração. Lembre que sua consciência imortal nunca está preocupada com vantagens pessoais ou assuntos de curto prazo.

As palavras são úteis, mas são secundárias. O verdadeiro contato com a inteligência espiritual é silencioso. Aos poucos, você passará a sentir uma presença elevada em seu interior cada vez que lembrar que seu eu imortal acompanha sua vida momento a momento.

Não deve haver qualquer sentimento de exclusividade ou orgulho nesta forma de contato dialogado com uma consciência mais elevada em nosso coração. Qualquer mostra de orgulho é indício certeiro de que a pessoa não está em contato com nada valioso, mas apenas com suas próprias ilusões.

Hua-Ching Ni, um escritor taoísta, está certo ao escrever em sua transcrição do velho texto *Hua Hu Ching*, atribuído a Lao-tzu:

"Algumas pessoas muito se empenham em impressionar uma divindade em que acreditam a fim de invocar favores ou bênçãos especiais, mas isso é apenas uma fantasia que demonstra a falta de um verdadeiro desenvolvimento espiritual por parte da pessoa. A sinceridade incondicional é o que evoca uma reação do poder divino universal".[3]

Um obstáculo que ameaça o crescimento espiritual de alguns é a intenção ou pretensão de ser clarividente, ou de possuir outros poderes psíquicos. Em alguns casos, as pessoas realmente enxergam cenas ou seres do mundo sutil, mas não percebem que não há vantagem alguma nisso, e desenvolvem uma fantasia vaidosa sobre si mesmas.

"A futilidade tem muitas caras diferentes", diz a tradição esotérica. "As pessoas com clarividência podem ver coisas que não estão à vista, mas não podem ver o que não tem forma", ensina o *Hua Hu Ching*. "As pessoas com clariaudiência podem ouvir sons especiais, mas não podem ouvir o silencioso. Pessoas com telepatia podem comunicar-se com a mente de outra pessoa, mas não podem se comunicar com pessoas que alcançaram a não-mente. As pessoas com capacidade telecinética podem mover objetos sem tocar fisicamente neles, mas não podem mover o intangível."[4] Tais habilidades têm pouca importância, quando verdadeiras, e são extremamente perigosas, quando não passam de imaginação.

---

3 *Hua Hu Ching, Os Últimos Ensinamentos de Lao-tzu,* Hua-Ching Ni, Ed. Pensamento, 1997. Veja a página 33.

4 *Hua Hu Ching,* obra citada, pp. 35-36.

A prática demonstra que um contato dialogado com nosso eu interior só será útil se a experiência não trouxer consigo fantasias de auto-importância, mas, ao contrário, aumentar nossa humildade. Esse é um bom critério para saber se a experiência é válida. Sempre que pensamos honestamente em uma consciência maior que a nossa, nos sentimos pequenos, e nenhuma arrogância pode aparecer em nossa atitude, nem mesmo sutilmente.

No entanto, mais importante do que contatos dialogados é o foco silencioso da mente no princípio divino que há em nosso interior. Se lembrarmos que vivemos cada momento diante dessa presença, nossa vida mudará para melhor com rapidez crescente.

Para Falar Com a Divindade

Em todas as religiões, desde tempos imemoriais, o ser humano conversou com os deuses.

Esses diálogos – registrados na tradição folclórica e nas escrituras sagradas dos povos e das culturas mais diferentes – tiveram e têm um efeito inspirador sobre a alma humana. Eles são em grande parte verdadeiros, embora apenas internamente e não em um sentido literal.

Essas conversas também mostram o contato tenso e precário entre a consciência humana média e os arquétipos divinos que iluminam os níveis superiores da nossa alma. Esse diálogo milenar está ao nosso alcance. Há, porém, certas qualificações que o tornam mais eficaz e mais produtivo.

A tradição esotérica considera que é preciso aproximar-nos – através da autopurificação – da dimensão transcendente em que vive e trabalha o eu superior. E isso por um motivo muito simples: ao contrário dos nossos apetites animais, o eu superior não tem o costume de gritar.

Nossa alma imortal fala baixo. Ela exige silêncio interior para ser escutada, mas sua mensagem nos conduz a uma felicidade autêntica.

Nossos desejos e ambições falam alto, e fazem qualquer coisa (inclusive alguns absurdos) para chamar nossa atenção: mas o que dizem é confuso, e sua atuação freqüentemente nos prejudica.

Para aumentar o contato com o princípio sagrado que há em nossa consciência, é recomendável que procuremos ter sentimentos honestos, falar com simplicidade e agir de modo adequado.

Sobretudo, devemos ter intenções sinceras. Isso não se consegue da noite para o dia, mas apenas gradualmente, através de práticas como estudo, meditação, auto-observação e trabalho altruísta.

Desse modo, entramos em sintonia com uma inteligência maior e mais elevada, encontramos a paz interior e os conflitos psicológicos desaparecem.

18

A Prática da Presença Divina

Não importa se você está em sua casa, em uma biblioteca ou numa praça pública. Imagine-se, agora mesmo, diante de uma presença divina. O que você pensaria, se percebesse que uma grande inteligência espiritual, de uma sabedoria infinita, está a seu lado? Qual a sua atitude se percebesse que um ser santo e sábio, um instrutor da humanidade, observa, neste preciso instante, suas emoções e pensamentos? Teria vergonha, sentiria orgulho, ou seria tomado pela emoção? Ficaria calmo ou nervoso?

Sejam quais forem as suas respostas para as perguntas acima, elas não são um mero exercício de imaginação. Cada ser humano sempre está, de fato, na presença do mundo divino e do princípio supremo do universo. Mesmo que tenha uma tendência crônica de esquecer desse fato.

Acostumados com a falsa idéia de que o mundo divino é algo distante, muitos pensam que os grandes sábios e instrutores da humanidade estão fora do seu alcance. Isso, é claro, estimula a preguiça e é tranquilizador para os mais acomodados: assim, eles podem insistir no erro sem serem perturbados pela idéia inquietante de que uma inteligência divina observa o que fazem. A incômoda verdade, porém, é que todos os assuntos humanos estão imersos em uma consciência maior, que os registra, observa e busca conduzir para o caminho do bem. Nada fica sem registro, para nosso débito ou crédito.

Se a energia divina e o princípio supremo estão em toda parte, porque eles não estariam também em minha própria alma, e ao meu lado, como mestres, protetores e conselheiros? A questão espiritual gira em torno do desafio central que é perceber conscientemente a presença da energia sagrada em cada momento da nossa vida.

As dificuldades para a percepção da presença divina são mais aparentes do que reais. Estão no efeito hipnótico que o mundo externo tem sobre nossa consciência, e na nossa preocupação excessiva com nós mesmos. A filosofia dos *kleshas,* na tradição da Raja Ioga, explica bem o processo: primeiro, a ignorância espiritual *(avidya)* causa a impressão de que somos um "eu" separado da vida ao nosso redor Essa sensação tem o nome de *asmita.* Depois, o egoísmo nos faz prisioneiros das emoções básicas de atração e rejeição. Esses são os dois braços de uma vontade de viver que é espiritualmente cega *(abhinivesha).*

Porém, com o surgimento de novos valores e a crise da religiosidade dogmática, os obstáculos à libertação espiritual vêm perdendo força. Milhões de pessoas cansam da antiga postura do avestruz, que enterra a cabeça nas areias da crença cega, ou preocupação consigo mesmo, para fugir da visão do céu imenso e do sol da fraternidade.

O o o O

Cada cidadão que ergue seu olhar adquire consciência da sua condição de cidadão planetário e percebe melhor a presença divina no ambiente humano. A austeridade, o altruísmo, a oração, a meditação e o exercício constante do bom senso são técnicas que simplificam nossa vida interior, libertam a nossa consciência de questões menores e abrem espaço para a vivência do sagrado.

Olho mentalmente as multidões agitando-se nas ruas das cidades brasileiras e posso reconhecer nelas a presença divina. Milhares de pessoas apressadas, vendedores gritando, cidadãos fazendo refeições rápidas nos balcões de bares, em meio ao ruído do trânsito. O burburinho humano é o burburinho da vida. Em qualquer situação, as pessoas buscam o bem, e ajudam umas às outras na luta pelo que é bom. A soma dos conflitos humanos é infinitamente menos importante que a ajuda mútua, que nos torna animais sociais. O mero ato de viver em sociedade implica uma atitude de colaboração e uma atuação em conjunto. A inveja, a competição e a violência são episódios menores na vida da barulhenta fraternidade humana, que sobrevive unida pelo amor. Em cada pessoa há uma luz interior que é eterna. Os milhões de pequenos gestos solidários que fazem o dia-a-dia da nossa civilização expressam com força silenciosa um sentimento sagrado de respeito incondicional pela vida.

Pensar na lei do equilíbrio universal faz com que desapareçam as nossas feridas psicológicas. As injustiças que sofremos perdem a importância, e o coração se enche de paz. A lembrança da presença divina constitui há milhares de anos uma técnica espiritual definida, que podemos aplicar criativamente à nossa própria realidade específica. Ela já era usada na Grécia antiga, mais de 500 anos antes da era cristã, quando

Pitágoras deu impulso à tradição esotérica ocidental. O fato está bem registrado. Sextus, o pitagórico, escreveu:

"Coloque a divindade diante de si mesmo em todas as suas ações. Invoque-a como testemunha de tudo o que fizer." Por outro lado, Sextus também advertiu: "Você não estará escondido da divindade quando agir injustamente, nem quando pensar em agir mal. Nem pense naquilo que você não quer que a divindade saiba".

Demócrates afirmou: "Aquele que acredita que a Divindade vê todas as coisas não pecará, nem ostensivamente nem em segredo." E um terceiro sábio pitagórico, Demófilo, ensinou assim a prática da *Presença*:

"Se você tiver sempre o cuidado de lembrar que, em qualquer lugar em que seu corpo ou sua mente tomam qualquer atitude, a Divindade está presente como um fiscal da sua conduta, você reverenciará em todas as suas palavras e ações a presença de um fiscal do qual nada pode ser escondido, e, ao mesmo tempo, terá a Divindade como íntima amiga." [1]

Essa técnica foi adotada mais tarde na tradição cristã. A verdade é que a tradição pitagórica exerceu e exerce até hoje uma influência significativa sobre o cristianismo, embora o fato seja pouco conhecido. Os essênios e os neoplatônicos, que estão ligados à origem do cristianismo, eram continuadores da tradição pitagórica.

Um dos exemplos pessoais mais inspiradores que conheço sobre o uso dessa técnica pertence ao mundo cristão, e ocorreu no século 17.

---

[1] *The Golden Verses of Pythagoras and Other Pythagorean Fragments,* textos selecionados por Florence M. Firth, Kessinger Publishing Co., Montana, EUA. Os pensamentos de Sextus estão respectivamente na p. 48 (item 58) e na p. 45 (itens 17 e 22). A citação de Demócrates está na p. 21, item 71. O trecho de Demófilo está na p. 25 e corresponde ao item número 13.

Nicholas Herman nasceu pobre, desconhecido e insignificante, no interior na França, em 1611. Aos 18 anos, ele teve uma experiência de iluminação espiritual que transformou sua vida. Durante um dia típico do rigoroso inverno europeu, Nicholas observava com amor uma árvore castigada pela neve, seca, sem folhas, semimorta, quando pensou na nova vida que a primavera traria à sua amiga, e foi tomado por uma experiência irresistível de amor pela divindade e de conhecimento direto dela. Desde aquele momento, conforme ele mesmo contou mais tarde, Nicholas passou a viver em todas as situações "como se estivesse na presença de Deus".

Não nos interessa, aqui, discutir em detalhes o conceito de "Deus". No Capítulo 11, *A Psicanálise das Religiões*, vimos que a idéia de um Deus autoritário, que toma decisões ao sabor do momento, é uma fantasia injustificada. Além disso, nem sempre se leva em conta o fato de que algumas das principais religiões da humanidade, como o taoísmo e o budismo, não trabalham com o conceito de Deus.

Mas, naturalmente, a filosofia esotérica conhece e ensina a conhecer o mundo divino e a lei do universo. O erro da religiosidade ocidental está em acreditar em um único Deus, um ser todo-poderoso, separado do universo e capaz de tomar quaisquer decisões sem responder por elas. É a partir dessa concepção de Deus que surgem as religiões dogmáticas, que justificam as guerras e a exploração do homem pelo homem. O mestre Koothoomi afirmou o seguinte sobre essa criação teológica:

"O fato é que as suas concepções filosóficas ocidentais são monárquicas: as nossas, democráticas. Você só é capaz de imaginar o universo governado por um rei, enquanto nós sabemos que ele é uma república na qual governa a inteligência intrínseca agregada." [2]

---

[2] *Cartas dos Mahatmas Para A. P. Sinnett,* transcritas por A. T. Barker, edição em dois volumes, Ed. Teosófica, 2001. Ver a p. 389 do volume II.

A filosofia esotérica nega a existência de um Deus pessoal. Com base na experiência direta dos Mahatmas, ela afirma a existência de um mundo divino com inteligências cósmicas diversas, dinâmicas, em eterno movimento.

Na prática, se não em teoria, o conceito de Deus vivenciado pelos místicos cristãos – entre eles São Francisco de Assis e São João da Cruz – é compatível com a sabedoria esotérica. "Deus", para o místico, é apenas um nome para a lei universal da harmonia, a inteligência universal, o princípio supremo e indescritível. Mesmo quando oram a Deus e o chamam de "Senhor", os místicos estão evocando basicamente o amor e a sabedoria sem limites, o princípio divino presente em todas as coisas e em todos os seres, que também é o centro de paz eterna presente em seus próprios corações. Nesse contexto, a personificação da idéia da divindade, fazendo com que ela se confunda com a figura de um instrutor, é um fato menor, aceitável como uma metáfora, uma imagem simbólica, uma expressão poética que aproxima o ser humano do divino, humanizando aquilo que é supremo. O problema fica bem mais sério quando se constroem burocracias sacerdotais e ritualísticas cuja base é a existência imaginária de um Deus pessoal que deve ser homenageado para que o crente obtenha favores dele.

Os místicos de diferentes religiões admitem que a experiência direta do que é sagrado está além das palavras. As suas experiências de unidade interior com o mundo divino correspondem claramente aos estados elevados de consciência mencionados em Raja Ioga e em outras tradições orientais.

O fato é que a percepção da presença divina não mais abandonou Nicholas. Passou a ser parte da vida dele. Mas nem sempre a consciência de um místico sabe adaptar-se facilmente ao mundo das coisas práticas, e muitas vezes ele tampouco consegue adequar inicialmente o mundo externo ao amor universal que o seu coração experimenta. O jovem Nicholas teve de servir como soldado. Mais tarde, trabalhou como criado de uma família rica da França. Sua natureza contemplativa não passou despercebida, mas teve conseqüências práticas desagradáveis. Ele era um trapalhão: distraído, quebrava sem querer inúmeros objetos domésticos dos seus patrões.

Aos 55 anos, Nicholas entrou para a ordem dos carmelitas em Paris como um irmão leigo, adotou o nome de *Irmão Lawrence* e passou a trabalhar como cozinheiro. Um dos seus superiores religiosos, M. Beaufort, fez anotações sobre a vida de Lawrence e as reuniu em um pequeno volume[3], junto com algumas cartas escritas pelo místico.

Para Lawrence, os seres humanos devem criar um sentido da presença da divindade usando a técnica de conversar mentalmente com ela o tempo todo. Lawrence considerava vergonhoso deixar de conversar mentalmente com o que é sagrado para pensar em ninharias pessoais: por outro lado, a presença divina, segundo ele, não é ocasião adequada para pedir favores pessoais, mas sim para ver-se livre das preocupações humanas de curto prazo. Aquele cozinheiro sem formação teológica preferia viver diretamente a experiência mística, ao invés de discursar teoricamente sobre ela.

Cada vez que Lawrence enfrentava uma dificuldade ou um desafio e precisava praticar uma virtude, ele orava, dizendo:

"Senhor, eu não posso fazer isso, a menos que Você me ajude". E então ele recebia uma força maior que a necessária. A figura do Senhor, do ponto de vista esotérico, era a personificação da sua consciência búdica e da sua própria alma imortal.

---

3 *The Practice of the Presence of God, Conversations and Letters of Brother Lawrence,* Oneworld Publications, Grã-Bretanha/EUA,1993, 79 pp.

"Sabendo pela luz da fé que Deus estava presente", escreveu M. de Beaufort, "ele era feliz dedicando todas as suas ações a Ele, sem preocupar-se em colher para si os frutos da ação". A palavra "fé", aqui, significa confiança na Lei e no fato de que há uma divindade presente em todas as coisas e em cada um de nós. Uma confiança que surge da vivência da bondade. O único objetivo de Lawrence era não contrariar a vontade divina, isto é, a Lei universal.

A tradição esotérica diz que, ao longo da caminhada espiritual, o buscador da verdade aprende gradualmente a unificar sua pequena vontade individual com a vontade maior do mundo divino, entrando em sintonia magnética com ela graças à pureza do seu coração e da sua mente. Assim ele passa a ser uma espécie de posto avançado da consciência divina no mundo. O irmão Lawrence desenvolveu tamanha experiência em pedir a ajuda divina a cada momento que, quando tinha uma tarefa prática a fazer, não precisava pensar nela antecipadamente. Na hora de fazê-la, ele encontrava "em Deus, como espelho, a visão de tudo o que era correto fazer". Antes de começar um trabalho externo, ele orava:

"Oh, Ser Divino, já que você está comigo, e que para cumprir o meu dever devo, agora, concentrar minha mente em uma tarefa concreta, peço-lhe a graça de poder continuar em sua presença. E que, para isso, você lance sobre mim a bênção da sua ajuda, receba os frutos do meu trabalho e seja o proprietário dos meus esforços."

Depois de cada tarefa realizada, ele usava outra técnica, tão pitagórica quanto a *prática da presença*: a técnica da revisão. A vida espiritual de Lawrence era espontaneamente pitagórica, sem deixar de ser cristã. "Quando ele terminava uma tarefa", escreveu M. de Beaufort, "examinava a si mesmo e se perguntava como havia cumprido o seu dever; se concluía que havia trabalhado bem, agradecia a Deus. Se achava que havia feito algo errado, pedia perdão. E retomava, imediatamente, seu exercício constante da presença divina". Lawrence morreu em 1691, aos 80 anos de idade, depois de ensinar a muitos a experiência direta do contato com o sagrado.

Alguns podem considerar a prática da presença divina como algo predominantemente devocional, mas, na verdade, não só ela faz parte da filosofia clássica – por pertencer à tradição pitagórica – mas também é adotada por diversas disciplinas orientais, inclusive Jnana Ioga, a ioga da contemplação das verdades universais, e Raja Ioga, cuja idéia central é o fortalecimento da autonomia, da responsabilidade e do autocontrole do aprendiz.

"O homem é o microcosmo", escreveu Helena P. Blavatsky. "Assim sendo, todas as Hierarquias dos Céus existem nele. (...) Como o interno, assim é o externo; como o grande, assim é o pequeno; como é acima, assim é abaixo. Só existe uma Vida e uma Lei."[4]

Em seu Diagrama de Meditação, passado a um dos seus discípulos em 1887-1888, Helena Blavatsky recomenda um meio prático de fortalecer a ligação e a identidade entre cada indivíduo humano e o universo infinito:

"Primeiro, conceba a UNIDADE através da Expansão no Espaço e da Infinitude no Tempo (seja com ou sem auto-identificação). Depois medite lógica e persistentemente nisso, e na sua relação com os estados de consciência."

Uma fórmula mencionada no mesmo diagrama para praticar a nossa auto-identificação com o espaço e o tempo ilimitados consiste em meditar, lenta e repetidamente, nas seguintes palavras: "Eu sou todo o Espaço e todo o Tempo".

Blavatsky prossegue:

---

[4] *Fundamentos da Filosofia Esotérica*, de H.P. Blavatsky, Editora Teosófica, ver p. 84.

"Então, o estado normal da sua consciência deve ser moldado pela constante presença, em imaginação, em todo o Espaço e Tempo. Disso se origina um substrato de memória que não cessa durante o sonho nem durante o estado de vigília."[5] Esse exercício é – em essência, se não nos aspectos formais – muito semelhante à prática da presença divina. Veja a íntegra do Diagrama de Meditação ao final deste capítulo.

Em outro texto, Helena Blavatsky escreveu: "Só o incognoscível *Karana,* a causa sem causa de todas as causas, deve ter o seu santuário e o seu altar no recinto sagrado e inviolável do nosso coração; invisível, intangível, não mencionado, salvo pela 'voz tranqüila e silenciosa' da nossa consciência espiritual. Os que o adoram devem fazê-lo na quietude e na solidão sacrossanta de suas Almas; de modo que o Espírito de cada um seja o único mediador entre ele e o Espírito Universal, não tendo por sacerdotes senão as suas boas ações, e sendo as suas tendências pecaminosas as únicas vítimas expiatórias oferecidas em sacrifício à Presença."[6]

Já que a divindade e o espaço-tempo infinito estão presentes em toda parte, inclusive em nós, o desafio é fazer contato consciente com eles e ouvi-los sem necessidade de palavras. Escrevendo sobre a presença divina no coração de todo homem honesto, o imperador romano Marco Aurélio, filósofo neoestóico, afirmou que é aconselhável "não aviltar o espírito implantado dentro do seu peito, e não perturbá-lo com pensamentos demais, mas conservá-lo tranqüilo, seguindo-o obedientemente como a um deus, e nada dizer contrário à verdade, nem fazer nada contrário à justiça".[7]

---

5 *Diagram of Meditation, em The Inner Group Teachings of H.P. Blavatsky,* obra compilada por H. Spierenburg, Point Loma Publications, 1985, San Diego, Califórnia, EUA. Ver p. 130.

6 *A Doutrina Secreta,* H. P. Blavatsky, Ed. Pensamento, Volume 1, p. 311.

7 *Meditações,* Marco Aurélio, Ediouro, ver p. 42.

A filosofia esotérica afirma que se não encontrarmos a luz sagrada dentro de nós, será inútil procurá-la fora de nós. Ter consciência dessa presença sutil constitui um dos aspectos mais belos de qualquer caminhada espiritual. Sócrates ensinou, segundo Platão: "Os iniciados têm a certeza de que andam em companhia dos deuses".[8] O apóstolo Paulo, em Coríntios 1, 3:16, afirma: "Você não sabe que é um templo de Deus, e que o Espírito de Deus habita em você? (...) Pois o templo de Deus é santo e você é esse templo".

Podemos viver conscientemente imersos na presença divina? Todo ser humano tem momentos de inspiração sagrada. Ele experimenta ao longo da sua vida diversos momentos de elevação mística e força espiritual. Durante esses instantes inspiradores, o cidadão esquece de si mesmo ou de seus interesses pessoais de curto prazo, mergulha em um estado de espírito diferente e mágico e percebe um significado maior em sua vida. Mas, ao invés de receber de quando em quando a rápida visita de um estado de consciência mais elevado, alguns preferem viver permanentemente na presença dessa intuição e sabedoria, abandonando os padrões de comportamento que produzem ansiedade e sofrimento. Um livro clássico da mística cristã, *Imitação de Cristo,* ensina:

"Se ao menos uma vez entrares perfeitamente no Coração de Jesus e gozares um pouco do seu ardente amor, não te preocuparás com o teu proveito ou prejuízo. Ao contrário, te alegrarás com os sofrimentos, porque o amor de Jesus faz com que o homem despreze a si mesmo. O amigo de Jesus e da verdade, o homem realmente espiritual, livre de afeições desordenadas, pode facilmente se recolher em Deus e, elevando-se em espírito acima de si mesmo, experimentar delicioso descanso."

---

[8] Platão, em Fedro, conforme citação de H. Blavatsky em *A Doutrina Secreta,* Ed. Pensamento, vol. 5, p. 254.

Segundo *Imitação de Cristo,* felizes são os ouvidos que não atendem às vozes que fazem barulho lá fora, "mas à verdade que ensina lá dentro". A verdade fala dentro de nós "sem o estrépito das palavras".[9]

É quase impossível afastar-se totalmente da divindade, já que ela faz parte da nossa essência. Jorge Luis Borges escreveu que fugimos da consciência cósmica porque, se a olhássemos muito de perto, ela nos aniquilaria. De fato, quando olhamos profundamente a verdade universal, nossa pequena visão superficial da vida desaparece. O sentimento que experimentamos é então ao mesmo tempo de felicidade pela percepção da vida infinita e de dor pela perda do mundo psicológico feito de apegos.

A inspiração divina está ao nosso alcance. Todos temos acesso à luz espiritual. Nascemos dela e somos guiados por ela, porém, nem sempre é fácil reconhecer sua presença. "A luz da natureza básica não tem criação nem destruição, não conhece aumento nem diminuição", ensina o livro *Meditação Taoísta.* "Mesmo que ela seja firmemente abafada por muito tempo, um clarão da luz espiritual pode extinguir mil maldades e despertar dez mil virtudes. Enquanto você mantiver a luz espiritual constantemente presente, em que será diferente dos sábios? Alguns perguntam como manter a luz espiritual sempre presente. Parece essencial ser respeitoso. Cuidado e precaução certamente são respeito; dedicação também é respeito. Quando você é respeitoso, não alimenta fantasias, não cai na distração e não vive com desperdício. Isso parece essencial para que haja presença da mente. São diretrizes para o autocultivo."[10]

---

[9] *Imitação de Cristo,* Tomás de Kempis, Ed. Vozes, 1993, pp. 69-70. Veja também as pp. 97 a 99, sobre a voz divina.

[10] *Meditação Taoísta,* obra compilada por Thomas Cleary, Editora Teosófica, 2001, pp. 62-63.

A consciência da presença divina exige uma certa preparação. A principal condição é o abandono – gradual, mas irreversível – das ações e preocupações egocêntricas. O caminho espiritual mostra a inutilidade das metas egoístas e, ao mesmo tempo, ensina a confiar na vida. O buscador da verdade renuncia à auto-estima superficial enquanto entra em contato direto com a essência divina em seu coração. Ele perde o orgulho pessoal, mas sente um sereno respeito pela vida divina dentro de si mesmo. O abandono final de todo sentimento egocêntrico coincide com a suprema iluminação espiritual. Mas a ausência de preocupação consigo mesmo não significa que tal pessoa será descuidada ao atravessar uma rua, ou que não protegerá sua saúde. O sábio navega plenamente no cosmo mantendo o necessário bom senso no dia-a-dia.

O cidadão atento deve saber que, se deseja abrir espaço em sua vida para a prática da presença divina, tem de eliminar, uma a uma, as complicações pessoais. "Nada é melhor para os que cultivam o Caminho do que simplificar decididamente as coisas", diz um antigo tratado taoísta. "Perceba as coisas que são ou não essenciais, avalie as que são importantes ou triviais, considere se as elimina ou as aceita. Deve ser abandonado tudo o que não for essencial e importante. (...) Os que chegam à verdade não lutam por nada que não diga respeito à vida. O que não diz respeito à vida é qualquer excesso. Alimento simples e velhas roupas são suficientes para cuidar da vida essencial (...) Desse modo, tudo o que não seja necessário à vida deve ser eliminado (...) As posses têm uma energia prejudicial, que fere quem as acumula. Mesmo se tiver poucas coisas você se preocupará com elas; tanto mais se possuir muitas".[11]

---

[11] *Meditação Taoísta,* obra citada. Veja a p. 87.

Para exercitar-nos na prática da presença divina, há pelo menos três possibilidades iniciais.

Uma delas é a escolha de um dos grandes instrutores da humanidade, como Buda, Jesus, Pitágoras ou São Francisco de Assis. A condição básica é que o instrutor escolhido deve ser uma fonte profunda de inspiração para nós. Nesse caso, é preciso ter cuidado para que a personificação da prática não torne a experiência estreita, nem a faça cair em uma espécie de "devoção pessoal imaginária". Com essa cautela, a prática é válida.

Uma segunda possibilidade é visualizar firmemente a nossa própria alma imortal, que nunca se afasta de nós, mas nos guia e protege, e que é feita de pura espiritualidade. Essa prática nos eleva enquanto mantém os nossos pés firmemente colocados no chão, porque o nosso próprio eu superior, que é impessoal, constitui, de fato, a grande ponte entre nossa personalidade consciente e pensante e o mundo divino.

Uma terceira possibilidade é visualizar o tempo eterno e o espaço infinito, percebendo que somos parte desse espaço-tempo ilimitado. Esse exercício pode ser feito tal como foi formulado por Helena Blavatsky no seu Diagrama de Meditação. Seus efeitos são extremamente benéficos e incluem a calma interior, o desapego e a plena atenção.

Feita a escolha e tomada a decisão sobre como será a nossa visualização da presença divina, o segundo passo é lembrar dessa presença, em todos os momentos possíveis da vida diária, e agir de acordo com esse fato. Sempre que nossa mente tiver um instante de folga, ao invés de distrair-nos com qualquer objeto, devemos pensar nessa presença divina em nosso coração e mente, ou junto a nós.

Essa visualização é um exercício que abre horizontes. O que é realmente divino está além de toda forma e todo pensamento, mas a prática da presença suprema é um modo de despertar a nossa consciência para a percepção contínua do infinito e do sagrado. Viver como se estivéssemos na silenciosa presença de um grande ser, ou lembrar que estamos imersos na Lei Universal, é um hábito que tem efeitos potencialmente revolucionários. Através dele, temos ao nosso alcance uma inspiração vinda das inteligências superiores.

Devotos das mais diferentes religiões praticam a lembrança da presença divina. Na verdade, toda oração pressupõe um diálogo entre o mundo mortal e o mundo imortal. Quando você ora, falando a um ser divino, sua alma eterna está envolvida no processo, e você pode sentir uma certa presença maior. Existe a possibilidade de que esse processo de diálogo não-verbal seja ininterrupto. Se você fizer da sua vida uma oração, lembrará em todos os momentos que uma divindade observa seus pensamentos, sentimentos e ações. E poderá assumir compromissos com sua fonte de inspiração. O poeta indiano Rabindranath Tagore escreveu, em um texto dedicado ao princípio supremo e universal:

"Vida da minha vida, tentarei conservar o meu corpo sempre puro, sabendo que a tua presença está em todo ele. Procurarei conservar longe do meu pensamento todas as falsidades, sabendo que tu és aquela verdade que acende a luz da razão no meu espírito. Tratarei de afastar sempre do meu coração qualquer maldade e conservar vivo o meu amor por ti, sabendo que tens a tua morada no santuário íntimo do meu coração. E me esforçarei por revelar-te em minhas ações, sabendo que é o teu poder que me dá força para agir."[12]

Como todo pensador independente, Tagore desafiava os dogmas ritualísticos. Ele levantou um ponto importante: se podemos ter acesso direto à presença divina, os templos das burocracias religiosas perdem importância. Tagore escreveu:

"Deixa esse rosário de salmos, cânticos e palavras! A quem veneras nesse canto escuro e solitário de um templo de portas fechadas? Abre os olhos e verifica que não está diante

---

[12] *Oferenda Lírica (Gitanjali),* livro de Rabindranath Tagore, Coordenada Editora de Brasília, 1969. Veja o texto número 4, pp. 22-23.

de ti o teu Deus! Ele está lá onde o camponês lavra a terra e o trabalhador braçal quebra pedras para abrir novas estradas. Está com eles sob o sol e a chuva e as suas vestes estão cobertas de pó. Despe o teu manto sagrado e, como eles, pisa também o chão empoeirado!"[13]

Do ponto de vista da filosofia esotérica, não é na rotina dos procedimentos cerimoniais que encontramos a mais autêntica energia divina. Escrevendo no século 15, o sábio e poeta indiano Kabir colocou palavras atribuídas a Deus em um dos seus poemas. No texto, a presença divina diz ao buscador:

"Ah, meu devoto, onde me procuras? Olha bem! Estou a teu lado. Não fico em um templo ou mesquita. Não estou em ritos e cerimônias, nem na Ioga ou na renúncia. Se tu és um verdadeiro buscador, me verás agora mesmo; me encontrarás no próximo instante".[14]

Madre Teresa de Calcutá foi uma grande praticante da técnica da presença. Ela ensinou assim essa disciplina mística:

"Nós precisamos encontrar Deus, e Deus não pode ser encontrado no barulho e na agitação. Não podemos colocar-nos diretamente na presença de Deus sem que nos imponhamos silêncio interno e externo. É por isso que devemos nos acostumar com o silêncio da alma, dos olhos e da língua. Não há vida de oração sem silêncio. (...) Então você poderá ouvir Deus em todo lugar: no fechar de uma porta, na pessoa que precisa de você, nos pássaros que cantam, nas flores, nos animais – naquele silêncio que é maravilha e louvor. Os contemplativos e ascetas de todas as épocas e religiões encontraram Deus no silêncio e na solidão do deserto, das florestas e montanhas".[15]

---

[13] *Oferenda Lírica,* obra citada, texto número 11, p. 25.

[14] *One Hundred Poems of Kabir,* tradução para o inglês de Rabindranath Tagore, Macmillan And Co., London/Calcutta, 1954. Ver p. 01.

[15] *Tudo Começa Com a Prece,* Madre Teresa de Calcutá, Editora Teosófica, Brasília, ver pp. 19 a 23.

A presença divina pode ser experimentada observando uma planta cujas folhas são tocadas pelo vento. Pode ser reconhecida no olhar de uma criança pobre, em um gesto anônimo de ajuda desinteressada, ou na alegria de um cachorro que abana o rabo expressando amizade. Ela também está no brilho das estrelas e na marcha das galáxias pelo céu. É ela que nos torna capazes de amar e desperta em nós uma necessidade natural de respeitar a justiça e a verdade. A presença divina é o centro de paz em nossos corações. Ela constitui a fonte de inspiração para que a humanidade construa, no futuro próximo, uma civilização solidária. É ela, também, que nos faz buscar a felicidade.

Diagrama de Meditação

Ditado por H.P. Blavatsky para E. T. Sturdy, em Londres, em 1887-1888

Nota Introdutória: O canadense Edward T. Sturdy (1860-1957) foi membro do grupo interno da Seção Esotérica da Sociedade Teosófica, em Londres, durante os últimos anos de vida de Helena Blavatsky. O Diagrama de Meditação foi publicado pela primeira vez em *The Canadian Theosophist,* edição de janeiro de 1943. Hoje o texto está incluído na obra *The Inner Group Teachings of H.P. Blavatsky*, editada por H. J. Spierenburg[1].

Há uma relação interna direta entre o diagrama e a obra máxima da literatura teosófica, *A Doutrina Secreta.* Ali, H.P. Blavatsky afirma que as três proposições fundamentais da filosofia esotérica são: 1) a existência de um princípio universal onipresente, eterno, sem limites e imutável, sobre o qual toda especulação é impossível; 2) a eternidade do Universo inteiro, dentro do qual se manifestam periodicamente universos inumeráveis; e 3) a identidade fundamental de todas as Almas com a Alma Suprema Universal, sendo essa última um aspecto do princípio supremo indescritível.

A técnica de meditação desse diagrama torna possível ao estudante **exercitar e viver** a unidade

1 Point Loma Publications, San Diego, Califórnia, EUA, 1985. Ver p. 130.

da sua Alma individual com a Alma Universal e o Princípio Supremo.[2]

O diagrama deve ser visualizado como uma balança que possui dois pratos, o das Aquisições e o das Renúncias, e cujo equilíbrio tem uma importância decisiva. Cada avanço nas *Aquisições* possibilita um avanço correspondente nas *Renúncias,* e vice-versa.

Traçando um paralelo entre o Diagrama de Meditação e a estrutura do presente livro, veremos que o prato da balança em que estão as ***Aquisições*** corresponde ao Caminho do Guerreiro, Parte Um. O prato da balança que reúne as ***Renúncias*** corresponde ao Caminho da Renúncia às Ilusões, Parte Três. E o **fiel da balança** corresponde ao Caminho do Autoconhecimento, Parte Dois. É o Autoconhecimento que permite o equilíbrio entre a atitude de afirmação e a atitude de negação.

A seguir, o texto do diagrama ditado por H.P. Blavatsky. (Carlos Cardoso Aveline)

O o o O

Primeiro conceba a UNIDADE através da Expansão no Espaço, e da Infinitude no Tempo (seja com ou sem auto-identificação). Depois medite lógica e persistentemente nisso, e na sua relação com os estados de consciência. Então o estado normal da sua consciência deve ser moldado pelas seguintes *Aquisições* e *Renúncias:*

---

2 Para conhecer com detalhes o contexto maior do ensinamento teosófico em que se insere o Diagrama de Meditação, leia o Proêmio de *A Doutrina Secreta,* Ed. Pensamento, Vol. I, pp. 71-89, e especialmente as pp. 81-84. Veja também a obra *Fundamentos da Filosofia Esotérica,* de H.P. Blavatsky, Ed. Teosófica, sobretudo as pp. 23-24 e 29-34.

Aquisições

I

Constante presença, em imaginação, em todo o Espaço e Tempo.

Disso se origina um substrato de memória que não cessa durante o sonho nem durante o estado de vigília. A sua manifestação é coragem.

Com a memória da universalidade, todo temor desaparece durante os perigos e as provações da vida.

II

Permanente tentativa de manter diante de tudo o que existe uma atitude mental que não é de amor, nem de ódio, nem de indiferença. Estar livre, na atividade externa, dessas três atitudes, porque nelas a capacidade se altera. Ser mentalmente o mesmo diante de todas as coisas.

Equilíbrio e calma constantes. Maior facilidade ao praticar as virtudes, que são na verdade o resultado da sabedoria; porque a benevolência, a simpatia, a justiça, etc., surgem da identificação intuitiva do indivíduo com os outros, embora isso ocorra sem o conhecimento da personalidade.

III

Percepção de uma completa limitação em todos os seres corporificados. Espírito crítico livre de elogios e acusações.

Nota:* *A aquisição é completada pela concepção de que "Eu sou todo o Espaço e todo o Tempo". Além disso... (Não pode ser dito).

Renúncias

Constante Recusa a Aceitar a Realidade de:

I

Separações e encontros, associação com lugares, com momentos e formas. Desejos fúteis. Expectativas. Memórias dolorosas. Tristezas.

II

Distinção entre amigo e inimigo. O que resulta em ausência de aversões e preferências. (Substituídas pela avaliação com discernimento.)

III

Posses: cobiça, egoísmo, ambição.
Personalidade: vaidade, remorso.

IV

Gula, luxúria, etc.

Nota: ***Essas renúncias ocorrem pela permanente imaginação – sem auto-ilusão* – de que "estou livre de" ou "eu existo sem"; e pelo reconhecimento de que esses fatores são fonte de dependência, ignorância e conflitos. A renúncia é completada pela meditação: "Eu não tenho atributos".***

**** Não há risco de auto-ilusão se a personalidade for deliberadamente esquecida.***

Nota Geral: ***Todas as paixões e virtudes estão interligadas. Portanto, o Diagrama dá apenas algumas sugestões práticas.***

19

A Iluminação Espiritual

Vamos encerrar o livro examinando o que é iluminação espiritual e como podemos fazer dela um fator decisivo em nossas vidas. Pessoalmente, não conheço questão mais importante do que essa.

Quando alcançamos a paz interior, há uma expansão da nossa consciência e deixamos de lado o apego a formas externas, rotinas, crenças cegas e outras maneiras de não assumir responsabilidade total sobre nossas vidas. Desistindo de fugir da verdade, descobrimos um significado imenso e transformador na vida. Percebemos que a grande meta é encontrar a nossa própria essência no mundo espiritual, enquanto agimos o mais corretamente possível no mundo concreto.

A iluminação é um contato pleno e sem intermediários com a alma imortal. De maneiras diferentes, e mesmo tropeçando, todos caminhamos para ela. A iluminação espiritual é uma das necessidades mais profundas do ser humano. Porém, ao mesmo tempo que procuramos conscientemente nossa libertação interior, às vezes nós a sabotamos inconscientemente. A razão disso é que costumamos agarrar-nos ao que é conhecido, mas a iluminação nunca vem até nós do modo como esperamos.

OooO

O desapego é o caminho da felicidade. A iluminação e a liberdade espiritual surgem quando o egoísmo dentro de nós é voluntariamente abandonado – ou quando ele entra em colapso. O despertar interior muitas vezes só ocorre quando nossa vida atravessa uma grave tempestade. O indivíduo redescobre então, em um instante, a sua esquecida insignificância diante do cosmo. Quebra-se a couraça de vaidades, apegos e comodidade, e a luz divina renova a paisagem. A pessoa encara novamente a realidade total da vida como um processo precário e maravilhoso, que se renova a cada dia, mas sempre provisoriamente. A fragilidade da vida física e de todas as suas rotinas mostra-nos, então, que a vida é fundamentalmente espiritual e secundariamente material. Descobrimos que há uma vida maior, interior, que não é abalada pela maré inconstante das incertezas humanas.

É perfeitamente natural – claro – rejeitar tudo que é desagradável. Podemos fazê-lo em tudo o que estiver ao nosso alcance. Mas essa liberdade deve respeitar os fatos. Quando nosso desejo é incapaz de mudar a realidade, insistir na rejeição da verdade só nos causa mais sofrimento psicológico. É sábio aceitar a vida como ela é, enquanto fazemos o melhor possível com cada coisa que ela coloca ao nosso alcance. Um pensador zen-budista escreveu:

"O nascimento, a velhice, a doença e a morte, assim como a felicidade e a desgraça, o ganho e a perda, o amor e o ódio, todos esses são instrumentos importantes para tecer o brocado da vida humana. Um brocado não pode ser tecido com a única cor da felicidade. Dados o tempo, o lugar e a ocasião, tudo '*contém todas as cores*'. É dessa maneira que a Terra Pura, a Outra Margem, é encontrada."[1] A "terra pura" e a "outra margem" são símbolos da iluminação.

---

[1] *365 Zen Sayings, Daily Readings,* Ed. by Jean Smith, HarperSanFrancisco, EUA, 1999, p. 337.

Para quem está preocupado em fugir infantilmente da dor, a iluminação espiritual não ocorre. O êxtase tampouco se aproxima de quem nega o mundo material e busca refugiar-se em esferas "puramente espirituais". A libertação está além das dualidades e dos pares de opostos. Ela não se apega ao processo material da vida, nem o rejeita, mas se relaciona com ele através da ação altruísta. Nesse contexto, o êxtase é um vazio. Gautama Buda descreveu assim o Nirvana e a iluminação:

"Há uma condição, irmãos, em que não existe terra, nem água, nem fogo, nem ar, nem a esfera do espaço infinito, nem a esfera da consciência infinita, nem a esfera do vazio, nem a esfera além da percepção e não-percepção; em que não há 'este mundo' nem 'o mundo do além'; em que não há lua nem sol. Esta condição, irmãos, não é nem uma vinda nem uma ida, não é uma imobilidade, nem uma queda, nem uma elevação; mas ela não tem fixidez, não tem mobilidade, não tem base. Esta condição é o fim do sofrimento."[2]

Essas misteriosas palavras de Buda são reforçadas pelo testemunho do estudioso Chang Chen-Chi:

"A iluminação é a experiência direta de captar e desenvolver a essência da mente em sua totalidade. Esta experiência ilumina e, no entanto, é vazia, serena e dinâmica. É transcendente e estável. É livre e abarca o todo. As experiências de iluminação são uma e são muitas. São uma porque são idênticas em essência; muitas, porque diferem em profundidade, claridade e eficácia."[3]

Não é fácil lidar na vida prática com certas experiências de iluminação. As imagens e sensações que ela desperta no

---

[2] *The Wisdom of Buddhism,* edited by Christmas Humphreys, Ed. Curzon-Humanities, Londres, 1987, p. 259.

[3] *La Práctica del Zen,* de Chang Chen-Chi, Ed. Central, Buenos Aires, 1961, p. 159.

cérebro físico e no sistema emocional podem ser enganosas e desestruturadoras. O processo de adaptação da vida diária da pessoa em função das novas percepções espirituais deve ser encaminhado com cautela e gradualmente. A energia da transcendência pode ser um furacão, e deve ser compensada pelo bom senso, pela paciência e pela perseverança. A decisão de mudar nossa vida no sentido espiritual deve ser testada na prática ao longo do tempo. A luz deve aumentar aos poucos em nossa vida, para que não fiquemos ofuscados.

Há ocasiões em que uma crise pessoal traz a iluminação e produz uma visão mais ampla da vida. Mas em outros casos é a iluminação que traz uma crise ou mudança súbita. Milhares de pessoas não conseguem administrar corretamente o surgimento da energia do sagrado em suas vidas. Muitas reprimem o contato com a luz espiritual por medo do desconhecido. Outras fazem isso porque pensam que são incapazes de mudar suas vidas e ser coerentes com o ideal que a intuição lhes mostra. Cada porção de sabedoria que alcançamos estabelece para nós a obrigação de renunciar a algo. Quando não ocorre a porção correspondente de renúncia, a sabedoria conquistada é esquecida, ou se transforma em palavras vazias, até que haja a vivência necessária. A iluminação é um barco frágil: se o remador não for hábil, a luz naufraga nas ondas do mar de emoções e pensamentos.

Para Chang Chen-Chi, é necessário um esforço disciplinado na direção correta para que a pessoa consiga dominar e aprofundar a experiência da iluminação. É preciso, sobretudo, renunciar ao que não é essencial, abrindo novos espaços na vida pessoal. A luz da alma imortal não pode atravessar os corpos espessos de pensamentos e emoções de curto prazo. É no vazio que ocorre a iluminação.

A inspiração divina está, pois, longe de ser uma experiência sempre agradável em todos os seus aspectos. A história pessoal do sexto patriarca do Zen, Hui-neng, é exemplar.

Hui-neng era um jovem chinês, lenhador e analfabeto, no século 7 da nossa era. Atraído pelo ensinamento, foi admitido no mosteiro do quinto patriarca. Um dia, apesar de Hui-neng não ter conhecimento literário das escrituras, o patriarca percebeu que ele devia ser seu sucessor. Mas o quinto patriarca conhecia bem a natureza humana. Para evitar pelo menos em parte o perigo da inveja dos outros monges, ele passou a Hui-neng secretamente o manto e a tigela que simbolizam a função de grande mestre. No mesmo instante, mandou-o para o sul do país, onde estaria bem longe dos demais candidatos à sucessão.

Só dias depois o patriarca revelou a decisão que havia tomado. Imediatamente, vários monges partiram atrás de Hui-neng, decididos a arrancar-lhe a tigela e o manto. Quando Hui-ming, um dos pretendentes, finalmente alcançou o novo patriarca e já se preparava para atacá-lo, o jovem lançou os objetos cobiçados sobre uma rocha e afastou-se, dizendo: "Esse manto representa a fé; será correto brigar por ele?" Hui-ming era um ex-militar. Homem de grande força física, tentou pegar o manto e a tigela, mas eles pareciam de algum modo grudados à rocha, e não teve forças para retirá-los. Vendo que as tentativas eram inúteis, mudou de atitude e disse a Hui-neng: "Trabalhador, eu vim aqui pelo ensinamento, e não pelo manto!" Hui-neng aproximou-se. Seu ex-desafiante fez-lhe uma saudação respeitosa e pediu-lhe que explicasse o ensinamento. Estava superada a crise.[4]

Já a experiência de iluminação do mestre zen Hakuin foi bastante diferente. Ele estava na porta de uma casa, totalmente imerso em sua meditação sobre um determinado ensinamento zen. Sua concentração era tamanha que não ouviu quando a dona da casa apareceu e mandou-o sair dali. Irrita-

---

[4] *The Sutra of Hui-neng, Grand Master of Zen,* translated by Thomas Cleary, Shambhala Ed., EUA, pp. 12-13.

da, ela repetiu a ordem em tom francamente ameaçador, mas ele não escutou. A mulher deixou-se levar pela fúria e bateu em Hakuin com um pau de vassoura até ele cair no meio da rua, inconsciente. Foi socorrido por pessoas que passavam naquele momento pelo local. Pouco depois, ao voltar a si, Hakuin percebeu que alcançara a compreensão que buscava há muito tempo. A experiência de iluminação era total. Tomado pela felicidade, passou a bater palmas e a expressar seu extremo contentamento. As pessoas que o ajudavam, vendo aquilo, se afastaram surpresas e gesticulando. Sacudiam a cabeça, como quem está diante de um caso perdido. E comentavam: "Que monge doido!"[5]

O episódio mostra que a despreocupação com as aparências, marca registrada do processo de iluminação, tem seus desafios. Felizmente, outra característica da mente iluminada é o pensamento positivo. Quem está em contato com a energia divina tem um sentido crítico mais aguçado. Quem ouve a alma imortal faz críticas e denuncia o engano e a falsidade. No entanto, na média, seu pensamento é fundamentalmente positivo. A mente e o coração estão voltados para o sagrado, do mesmo modo como a agulha da bússola aponta para o norte. Há uma história zen que ilustra bem a situação.

Certo dia um rei chamou ao seu palácio o mestre zen Muhak – que viveu de 1317 a 1405 – e lhe disse que, para afastar o cansaço e a tensão do trabalho administrativo, queria ter uma conversa completamente informal com ele. Em seguida, o rei comentou que Muhak parecia um grande porco faminto procurando comida.

"E você, excelência", respondeu Muhak, "parece o Buda Sakiamuni meditando, iluminado, sobre um pico elevado dos Himalaias".

---

[5] *Wild Ivy, The Spiritual Autobiography of Zen Master Hakuin,* Shambhala Publications., EUA, pp. 32-34.

O rei ficou surpreso com a resposta.

"Comparei você a um porco, e você me compara ao Buda?"

"É que um porco só pode ver porco, excelência, e um Buda só pode ver Buda", explicou Muhak com jeito humilde. O rei sorriu, admitindo que a resposta do mestre era uma lição de sabedoria.[6]

A inspiração espiritual necessita de alicerces sólidos. Uma antiga obra taoísta, traduzida para o inglês em 1999, estabelece a relação entre o processo da iluminação e a indispensável base vital física do buscador da verdade. Trata-se do texto *Nei-yeh (Treinamento Interior).* Nele é usado o termo alinhamento, cujo significado é postura correta, coerência, harmonização. Repare na combinação de palavras simples com idéias profundas:

"Quando seu corpo não está alinhado, a força interior não vem. Quando você não está internamente tranqüilo, sua mente não está organizada. Alinhe seu corpo, ajude a força interior, e ela crescerá naturalmente."

Outro trecho:

"Você só pode ficar estável se estiver harmonizado e tranqüilo. Com uma mente estável no seu interior, com olhos e ouvidos agudos e limpos, os quatro membros firmes e fixos, você pode abrir espaço para a essência vital. A essência vital é a essência da energia vital. Quando a energia vital é guiada, a essência é gerada. (...) Sempre que as formas da mente têm conhecimento em excesso, você perde sua vitalidade."[7]

A sabedoria chinesa tradicional traz para o centro da busca da iluminação a necessidade de perceber os ritmos

---

[6] *365 Zen Sayings,* obra citada, p. 205.

[7] *Original Tao,* Harold D. Roth, Columbia University Press, Nova Iorque, EUA, 1999. Os dois trechos citados são respectivamente das páginas 66 e 60.

naturais da vida. A mente não é um saco sem fundo. Se você sobrecarregá-la com preocupações, não haverá paz. O indivíduo deve estabelecer um calmo alinhamento entre sentimentos, pensamentos e ações. Os diversos setores da consciência devem estar harmonizados não só entre si, mas também com as plantas, os animais, o vento e a luz do sol na paisagem natural mais próxima. Isso se obtém através da prática do desapego em relação a sentimentos egoístas ou ansiosos.

Para o cidadão do século 21, a busca da iluminação inclui inevitavelmente um convívio mais sábio com a natureza. É útil adotar um estilo de vida mais simples, dando menos prioridade à busca de poder ou dinheiro e procurando estar mais tempo em silêncio junto à natureza. É aconselhável sujar os pés no chão de terra e ouvir as plantas, o vento e a água. A lei do equilíbrio que governa a natureza é a mesma que rege a evolução espiritual do reino humano. O conhecimento da lei da unidade dissolve as barreiras, aumenta o discernimento e mostra que podemos confiar plenamente na paz interior, cuja base é dada pela simplicidade e pelo desapego.

O o o O

Em 19 capítulos, fizemos uma investigação sobre a arte de viver em paz em um mundo que atravessa fortes transformações.

Do ponto de vista prático, é possível perguntar, em relação às idéias centrais das três partes da obra: será que o guerreiro necessita *lutar pelo bem,* inicialmente, para então poder *conhecer a si próprio,* e finalmente *renunciar ao que é ilusório*?

Ou será que ele deve no início *renunciar às ilusões*, para só então poder *conhecer a si próprio* e, finalmente, ser capaz de *lutar com eficácia pelo bem*?

Diferentes pessoas responderão essas perguntas de maneiras diversas. E todas as respostas serão válidas. Os três caminhos para a paz interior não são apenas inseparáveis. Eles são, ocultamente, simultâneos. Cada um deles é o primeiro e o último. Mas eles devem ser percorridos pelo velho método científico e experimental da tentativa e do erro. O princípio básico do processo é a autonomia e a responsabilidade do aprendiz.

A visão dessa obra como algo linear é, portanto, apenas uma possibilidade, e é certo que o final contém a semente de um novo começo.

Na verdade, os livros são nossos companheiros de trabalho. A leitura deles é uma espécie de conversa interior. Cada vez que relemos um texto sobre a arte de viver, ele adquire novos significados. Assim, pode ser útil ao estudante rever calmamente os capítulos dessa obra, adaptando-a à sua vida, sublinhando frases e acrescentando notas e comentários em suas margens. Porque um livro não é feito só de páginas e palavras. É feito de vivências. Ele pode continuar sendo relido e reescrito por muitas pessoas, em um processo dinâmico que é sutil.

O o o O o o O o o O

De *Cartas dos Mestres de Sabedoria*

(Transcritas e Compiladas por C. Jinarajadasa)

"Como pode você discernir o real do irreal, o verdadeiro do falso? Só através do autodesenvolvimento [...]. E isso você pode fazer dedicando-se em determinada hora ou horas fixas, a cada dia, totalmente só, à autocontemplação, a escrever, a ler, a purificar suas motivações, a estudar e corrigir seus erros, ao planejamento de seu trabalho na vida externa. Essas horas deveriam ser reservadas como algo sagrado para esse propósito, e ninguém, nem mesmo o seu amigo ou seus amigos mais íntimos, deveria estar com você naquele momento. Pouco a pouco sua visão ficará clara, você descobrirá que as névoas se dissipam, que suas faculdades interiores se fortalecem [...]."

(Da Carta II para Laura C. Holloway, primeira série, em *Cartas dos Mestres de Sabedoria,* compiladas por C. Jinarajadasa, Ed. Teosófica, 1996, p. 146.)

O Caminho Estreito

"Há um caminho íngreme e cheio de espinhos, rodeado de perigos de todo o tipo – mas ainda assim um caminho; é ele que leva até o Coração do Universo. Posso dizer a vocês como encontrar Aqueles que lhes mostrarão o único portal secreto, que conduz ao interior [...] Para aqueles que vencem, há uma recompensa de valor indescritível: o poder de abençoar e salvar a humanidade. Para aqueles que são derrotados, há outras vidas em que o êxito poderá ser alcançado."

(Palavras de H.P. B., citadas na obra
Helena Blavatsky, de Sylvia Cranston)

RECORTE AQUI

PRT-085/99

UP – CT GEOPE

DR/BSB

CARTA-RESPOSTA

NÃO É NESCESSÁRIO SELAR

O SELO SERÁ PAGO PELA

EDITORA TEOSÓFICA

70324-999 – BRASÍLIA-DF

RECORTE AQUI

EDITORA TEOSÓFICA

Livros Para Viver Melhor

5 MANEIRAS FÁCEIS PARA ADQUIRIR NOSSOS LIVROS

1 – TELEFONE
Ligue grátis 0800 610020
Exclusivamente para pedidos de livros.

2 – FAX
(0xx61) 226-3703

3 – REEMBOLSO POSTAL

4 – CARTÃO DE CRÉDITO VISA

5 – INTERNET E-MAIL
st@stb.org.br
Home page: http://www.stb.org.br/livrar.html

FAÇA SEU CADASTRO CONOSCO
E RECEBA O NOSSO CATÁLOGO
EM SUA CASA SEM NENHUM CUSTO

Nome:____

End.:____

Bairro:____

CEP:___________________Cidade:__________________Est.:______

Tel. Res._______________Tel. Com. _______________Sexo: [M] [F]

Data de Nascimento: ___________CPF:________________